Introduction

I01 Vorwort

„Printmedien gestalten und digital produzieren" liegt Ihnen als Schüler- und Lehrerband vor. Die beiden Bände sollen Sie in Ihrer Unterrichtsarbeit unterstützen und vor allem Ihre Unterrichtsvorbereitung erleichtern.

Im Kapitel *Basics* finden Sie grundlegendes theoretische Wissen, das Sie benötigen, um die Gestaltung und digitale Produktion von Printmedien als Kulturtechnik in kurzer Zeit professionell zu betreiben. In allen Kapiteln des Schülerbandes sind fachliche Fragestellungen und Übungen formuliert, deren Antworten Sie in diesem Lehrer-/Lösungsband finden.

Das Kapitel *Toolkits* zeigt Ihnen wichtige Arbeitstechniken zu Layout und Satz, zur Bildbearbeitung und Grafikerstellung. In den Toolkits sind eine Vielzahl von Aufgaben und Übungen aufbereitet, die durch die entsprechende Farbcodierung leicht und schnell zu finden sind. Diese Farbcodierung finden Sie im Arbeitsbuch ebenso wie im vorliegenden Lösungsband.

Der Schwerpunkt liegt im Kapitel *Toolkits* auf den Programmen. Parallel und gleichberechtigt lernen Sie InDesign, Photoshop und Illustrator aus der Adobe CS zusammen mit den kostenlosen Open-Source-Programmen Scribus, Gimp und Inkscape. Bei allen Lösungen im Buch werden immer die Arbeitsmöglichkeiten in den Adobe-Programmen und den Open-Source-Programmen zur Erstellung der Printmedien dargestellt.

Im Kapitel *Practice* des Buches finden Sie die Lösungen zu zwölf praxisnahen Projekten des Schülerbandes. Diese Projekte beginnen mit Aufgabenstellungen wie die Gestaltung und Herstellung von Visitenkarten und reichen bis zu einem komlexen Projekt zur Herstellung einer umfangreichen Dokumentation. Zwischen diesen beiden Anfangs- und Endprojekten liegt eine Sammlung didaktisch-methodisch aufbereiteter Projektarbeiten, die es gestattet, zielgerichtet in die komplexe Welt des Print Publishing einzutauchen.

Für Ihre Unterrichtsvorbereitung sind eine Menge Materialien aufbereitet. Zu jeder Fragestellung, zu jeder Übung des Schülerbandes existiert in diesem Lösungsband eine Doppelseite. Auf der linken Seite stehen immer folgende Informationen:
- Hinweise zu den Übungen mit Verweis zum Schülerband
- Notwendige Arbeitsmaterialien, Dateien, Kopiervorlagen
- Methodisch-didaktische Hinweise
- Vertiefung zu Methoden, fachliche Erweiterungen und Tipps zur Lösung des einen oder anderen denkbaren Problems.

Auf der rechten Seite finden Sie immer einen oder mehrere ausführliche Lösungsvorschläge durch die ausgefüllten Arbeitsblätter. Die verwendete Farbcodierung auf der Doppelseite erleichtert Ihnen das Zusammenspiel zwischen Schüler- und Lösungsband.

Im Kapitel *Kopiervorlagen* finden Sie alle Arbeitsblätter. Die Kopiervorlagen können direkt zum Kopieren genutzt werden. Auf der dem Lehrerband beigefügten DVD sind die Kopiervorlagen als PDF-Dateien zum Ausdrucken vorhanden. Auf der DVD befinden sich außerdem Sie alle Übungsdateien aus dem Schüler- und dem Lehrerband.

Um Ihnen die Orientierung in dem zweibändigen Unterrichtswerk noch zu erleichtern, finden Sie im folgenden Kapitel *I02 – How to use* weitreichende Unterstützung.

Wir wünschen Ihnen mit dem Lehrwerk viel Erfolg und viel Freude bei der Erstellung der Printprodukte und Ihrer Unterrichtstätigkeit.

Stuttgart

Joachim Böhringer
Peter Bühler
Patrick Schlaich

I02 How to use

Da alle drei Autoren aus den Bereichen Schule und Lehrerbildung kommen, wissen wir genau, wie aufwändig (gute) Unterrichtsvorbereitungen sind – insbesondere in der sich schnell verändernden Medienbranche.

Wir versuchen mit diesem Lehrerband, Ihnen die didaktische und methodisch-mediale Konzeption Ihres Unterrichts weitgehend abzunehmen, so dass Ihre Vorbereitungen auf die Einarbeitung in die Software konzentrieren können.

Das Buch ist durch die farbliche Dreiteilung für alle Übungen einheitlich strukturiert:

Materialien und Medien

Im blauen Kasten finden Sie alle für die Durchführung des Unterrichts benötigten Materialen und Medien.

Das zugehörige Arbeitsblatt finden Sie als Kopiervorlage auf der angegebenen Seitenzahl im Anhang des Buches. Falls Sie mit Kopien arbeiten, bietet sich zur Besprechung der Lösung ein Visualizer an, alternativ müssen Sie auf Folien und den OH-Projektor zurückgreifen.

Zusätzlich zur Kopiervorlage befinden sich die Arbeitsblätter als PDF-Dateien auf der Buch-CD. Dies gibt Ihnen die Möglichkeiten, die Arbeitsblätter bei Bedarf farbig auszudrucken. Weiterhin stehen etliche Arbeitsblätter PDF-Formulare zur Verfügung, so dass sie durch die Lernenden am Computer (Adobe Reader) ausgefüllt werden können. Hierdurch wird eine Besprechung der Arbeitsergebnisse im Plenum mittels Beamer möglich.

Methodisch-didaktische Hinweise

Im roten Kasten finden Sie Hinweise zur vorgesehenen Bearbeitungszeit, der mögliche Sozialform(en), den zu erwerbenden Kompetenzen sowie typischen Stolpersteinen.

Beachten Sie, dass es sich bei angegebenen Zeiten nur um einen groben Richtwert handeln kann. Die tatsächlich erforderlich Zeit hängt von vielen Faktoren wie Klassenstärke, Vorkenntnisse und Bildungsgang ab.

Vertiefung

Im grünen Kasten finden Sie Fragestellungen und Übungen, die zur Weiterführung und Vertiefung des Themas dienen. Hiermit wird einerseits eine Binnendifferenzierung innerhalb der Lerngruppe möglich, indem gute Schüler eine Zusatzaufgabe erhalten. Andererseits können diese Aufgaben auch für Leistungskontrollen oder Hausaufgaben herangezogen werden.

Lösungsvorschläge

Ein Lösungsvorschlag zu jeder Übung ist auf der jeweils rechten Seite abgedruckt. Beachten Sie jedoch bitte, dass es im Gestaltungsbereich *nicht nur eine, sondern viele richtige Lösungen* geben kann.

Lösungsvorschläge sind deshalb ausschließlich zu *Ihrer* Information und nicht als Musterlösung für die Lernenden gedacht.

CD-ROM zum Buch

Sämtliche Materialien, die Ihre Lernenden zur Bearbeitung der Übungen benötigen, finden Sie auf der CD-ROM zum Buch. Im Unterschied zur CD-ROM im Schülerband stehen Ihnen auf dieser CD zusätzlich sämtliche Arbeitsblätter als PDF-Dateien zur Verfügung.

Aus lizenzrechtlichen Gründen dürfen wir keine Logos, Werbeanzeigen oder Schriften in digitaler Form weitergeben. Deshalb liegen die Lösungsvorschläge ausschließlich in gedruckter Form vor.

Im Internet finden Sie zahlreiche Archive, die Fotos, Grafiken und Schriften für nicht-kommerzielle Zwecke zur Verfügung stellen. Beachten Sie hierzu auch die im Schülerband angegebenen Webadressen.

Software

Die Software haben wir aus gutem Grund *nicht* auf die Buch-CD gepackt. Bereits beim Erscheinen des Buchs wären diese Programmversionen vermutlich nicht mehr aktuell.

Sinnvoll ist es deshalb, sich die jweilis neueste Version aus dem Internet herunterzuladen. Die Webadressen finden Sie unter „How to use" im Schülerband.

I03 Inhaltsverzeichnis

Introduction

I01 – Vorwort 2
I02 – How to use 4
I03 – Inhaltsverzeichnis 6

Basics

B01 – Visuell kommunizieren
Ü1 Lasswell-Formel anwenden 12
Ü2 Zielgruppe untersuchen 14
Ü3 Werbeanzeige mit AIDA untersuchen 16

B02 – Corporate Design (CD) analysieren
Ü1 Logos beurteilen 18
Ü2 Farben analysieren 20
Ü3 Typografie und Layout analysieren 22

B03 – Entwürfe erstellen
Ü1 Brainstorming und Methode 635 durchführen 24
Ü2 Einfarbig scribbeln 26
Ü3 Farbig scribbeln 28
Ü4 Headlines scribbeln 30

B04 – Flächen gestalten
Ü1 Proportionen berechnen 32
Ü2 Formwirkung untersuchen 34
Ü3 Gestaltgesetze untersuchen 36

B05 – Layout erstellen
Ü1 Satzspiegel berechnen 38
Ü2 Mit Gestaltungsraster layouten 40
Ü3 Mit randabfallenden Bildern layouten 42

B06 – Farben sehen und wahrnehmen
Ü1 Farben unter verschiedenen Lichtquellen betrachten 44
Ü2 Farbwahrnehmung überprüfen 46

B07 – Farben ordnen
Ü1 Farbwerte festlegen 48

Ü2 Farbkreis erstellen und Komplementärfarben visualisieren .. 50
Ü3 Farbprofile auswählen 52

B08 – Mit Farbe gestalten
Ü1 Farbkontraste ermitteln 54
Ü2 Farbcollage erstellen 56
Ü3 Farben kombinieren 58

B09 – Schriften erkennen und einordnen
Ü1 Typografische Fachbegriffe definieren 60
Ü2 Schriftanwendung überprüfen 62

B10 – Mit Schrift gestalten
Ü1 Schriftwirkung überprüfen 64
Ü2 Satzarten und deren Verwendung untersuchen 66

B11 – Bilder fotografieren und gestalten
Ü1 Digitalkamera kennenlernen 70
Ü2 Fotografieren, Bilder analysieren und gestalten 72

B12 – Medienrechte beachten
Ü1 Quellenangaben formulieren 74

B13 – Dokumente speichern
Ü1 Backupsystem einrichten 76

B14 – PDF erstellen
Ü1 Verfahren der PDF-Erstellung vergleichen 78

B15 – Papier auswählen
Ü1 Papier unterscheiden und anwendungsbezogen auswählen 80

B16 – Dokument drucken
Ü1 Druckverfahren vergleichen und erkennen 82
Ü2 Farbige Printmedien analysieren 84
Ü3 Druckversuche durchführen und die Ergebnisse
    analysieren 86

Toolkits

T01 – Layout und Satz
Ü1 Visitenkartendokument mit Layoutprogramm erstellen 90
Ü2 Buchdokument mit Layoutprogramm erstellen 92

Ü3   Arbeitsoberfläche und Werkzeuge kennen 94
Ü4   Texte eingeben und formatieren 96
Ü5   Texte importieren und formatieren 98
Ü6   Zeichen- und Absatzformate definieren (InDesign) 100
Ü7   Zeichen- und Absatzstile definieren (Scribus) 102
Ü8   Bild und Grafik importieren und bearbeiten 104
Ü9   Text, Kontur und Fläche nach Vorgaben in Farbe stellen 106
Ü10 Texte eingeben und am Grundlinienraster ausrichten 108
Ü11 Musterseiten mit Grundlinienraster anlegen 110
Ü12 Layoutdateien für die Druckausgabe zusammenstellen 112
Ü13 Dateien ausgeben 114

T02 – Bildbearbeitung
Ü1   Bild in unterschiedlichen Dateiformaten speichern 116
Ü2   Bildgröße verändern 118
Ü3   Bildausschnitt rechtwinklig freistellen 120
Ü4   Bild scharfzeichnen 122
Ü5   Bild weichzeichnen 124
Ü6   Bild retuschieren 126
Ü7   Fotomontage erstellen 128

T03 – Grafik
Ü1   Grafiken aus einfachen Objekten erstellen 130
Ü2   Grafiken aus Pfaden erstellen 132
Ü3   Zusammengesetzte Objekte erstellen 134
Ü4   Symmetrische Grafiken erstellen 136
Ü5   Farbverläufe erstellen 138
Ü6   Grafiken mit Text erstellen 140
Ü7   Pixelbild vektorisieren 142
Ü8   Mit Stift und Pinsel malen 144

Practice

P01 – Visitenkarte
Ü1   Schrift wählen 148
Ü2   Farben beurteilen 150
Ü3   Visitenkarten beurteilen 152

P02 – Briefbogen
Ü1   Briefbogen entwerfen 156

P03 – Aufkleber
Ü1   Aufkleber scribblen 158

| Ü2 | Ideen finden – Entwürfe machen | 158 |

P04 – Werbeanzeige
| Ü1 | Werbeanzeige nach Vorgaben erstellen | 160 |
| Ü2 | Werbeanzeige farbig anlegen | 162 |

P05 – Einseitiger Flyer
| Ü1 | Einseitigen Flyer nach Vorgaben erstellen | 164 |

P06 – Plakat
| Ü1 | Schriftplakat gestalten und erstellen | 166 |

P07 – Bildkalender
| Ü1 | Vierteljahres-Bildkalender erstellen | 168 |
| Ü2 | 12-Monats-Bildkalender erstellen | 170 |

P08 – Sechsseitiger Flyer
| Ü1 | Flyer DIN-lang nach Vorgaben erstellen | 172 |
| Ü2 | Flyer DIN-lang mit Zick-Zack-Falz erstellen | 174 |

P09 – Schulzeitung
| Ü1 | Titelseite nach Vorgaben gestalten und erstellen | 176 |
| Ü2 | Innenseiten nach Vorgaben gestalten und erstellen | 178 |

P10 – Freecards
| Ü1 | Freecard-Bildkartenserie nach Vorgaben erstellen | 180 |
| Ü2 | Eigene Freecard-Bildkartenserie erstellen | 182 |

P11 – Booklet
| Ü1 | Booklet mit 2-Bruch-Kreuzfalzung erstellen | 184 |

P12 – Dokumentation
| Ü1 | Eine Dokumentation nach Vorgaben planen und erstellen | 186 |

Kopiervorlagen

K01 – Arbeitsblätter **190**

Appendix

A01 – Abbildungsverzeichnis **260**

Basics

Basics – Lehrerband

B01 Visuell kommunizieren

 Ü1 Lasswell-Formel anwenden • S. 18

- Kopiervorlage auf Seite B01–Ü1 oder ⊙ b01_ue1_lasswell-formel.pdf
- Beamer und Visualizer oder Overhead-Projektor zur Besprechung im Plenum
- Wenn Computer vorhanden sind, kann die Übung auch digital (PDF-Formular) durchgeführt und im Plenum am Beamer besprochen werden.

 Methodisch-didaktische Hinweise

- Dauer mit Besprechung ca. 30 min
- Einzel- oder Partnerarbeit, Besprechung im Plenum
- Mögliche Hausaufgabe (restliche Zeilen):
  Radiomoderator, Anbieter einer Smartphone-App, Facebook, Online-Spiel, BILD-Zeitung usw.

 Vertiefung

- Weshalb ist es sinnvoll, zur Untersuchung von (visueller) Kommunikation ein Modell zu benutzen?
- Welche Stärken besitzt das Kommunikationsmodell nach Lasswell?
- Wo liegen seine Grenzen?

Bezogen auf die untersuchten Beispiele:

- Hat der Kommunikator ein geeignetes Medium gewählt, um die Botschaft zu vermitteln?
- Ist zu erwarten, dass die Botschaft bei der Zielgruppe ankommt?
- Gibt es bessere Möglichkeiten, um die Botschaft zu übermitteln und die gewünschte Wirkung zu erzielen?

B01 – Visuell kommunizieren

Lasswell-Formel anwenden

Wer sagt was, mit welchem Medium, wem und wozu?

Wer? (Kommunikator)	Was? (Botschaft)	Womit? (Medium)	Mit wem? (Zielgruppe)	Wozu? (Wirkung)
Nachrichten-sprecher	Aktuelle Ereignisse	Fernsehen	Gesellschaft	Bindung an den Sender
Teilnahme für alle offen	Seht euch mein Video an	Webportal	Video-interessierte	Bekannt werden
Eltern	Unser Baby ist da	Anzeige	Verwandte, Freunde	Freude mitteilen
Benetton	Benetton hilft Menschen	Plakat	Potenzielle Kunden	Kleidung kaufen
Möbelhaus	Hier gibt es gute Möbel	Flyer	Potenzielle Kunden	Möbel kaufen

Böhringer, Bühler, Schlaich: Printmedien gestalten und digital produzieren, H+J 6078

B01 – Ü1

Basics – Lehrerband

 Ü2 Zielgruppe untersuchen • S. 19

- Kopiervorlage auf Seite B01–Ü2 oder ⊙ b01_ue2_zielgruppe.pdf
- Beamer und Visualizer oder Overhead-Projektor zur Besprechung im Plenum
- Wenn Computer vorhanden sind, kann die Übung auch digital (PDF-Formular) durchgeführt und im Plenum am Beamer besprochen werden.

 Methodisch-didaktische Hinweise

- Dauer (ohne Besprechung) ca. 20 min
- Arbeitsteilige Gruppenarbeit, evtl. weitere Themen ergänzen
- Alternative: Zielgruppendefinition im Plenum mittels „Brainstorming"
- Es ist nicht immer möglich bzw. erforderlich, zu allen Kriterien eine Aussage zu treffen.
- Im nächsten Schritt bietet es sich an, Konsequenzen aus der Zielgruppe für die Auswahl von Werbeträgern und die Gestaltung von Werbemittel (z. B. Flyer, Anzeige, Internetauftritt) abzuleiten.

 Vertiefung

- Weshalb sind möglichst exakte Zielgruppendefinitionen für jedes Unternehmen wichtig?
- Welche Konsequenzen lassen sich aus der Analyse der Zielgruppe ziehen?
- Mit welchen Medien sollte die Zielgruppe beworben werden, damit sie auf das Produkt (Europapark, Porsche) aufmerksam wird?
- Welche Konsequenzen für die Gestaltung der Werbemedien lassen sich aus der Zielgruppe ableiten (z. B. Farbgebung, Bildauswahl und -gestaltung, Schriften, Textmenge, Layout)?

B01 – Visuell kommunizieren

Zielgruppe definieren

Zielgruppendefinition	Europapark (Rust)
Demografische Merkmale	3 bis 99 Jahre, m/w, Kinder, Jugendliche, Eltern, Großeltern, junge Paare, ledig, verheiratet Beruf und Bildungsstand spielen keine Rolle, mittleres bis gehobenes Einkommen (da Anreise, Eintritt, Verpflegung relativ teuer)
Geografische Merkmale	zahlreiche Besucher aus der Region, aber auch Anreise per Bus/Auto/Bahn aus ganz Deutschland und Ausland v. a. Frankreich, Holland, Schweiz
Soziologische Merkmale	Besucher aus allen gesellschaftlichen Schichten, aktive Freizeitgestaltung, soziale Bindung (Freunde, Familie), gemeinsame Unternehmungen, politische Orientierung unwichtig
Psychologische Merkmale	aktive, unternehmungslustige Menschen, die Spaß haben wollen, den Nervenkitzel lieben, gerne unterhalten werden, sich oder den Kindern etwas bieten wollen
Verhaltensmerkmale	Kaufkraft vorhanden, viele Besucher kommen regelmäßig in den Europark, hohe Qualität der Angebote

Zielgruppe definieren

Zielgruppendefinition	Porsche-Händler
Demografische Merkmale	25 bis 60 Jahre, meist männlich, verheiratet oder Single, Unternehmer, Selbstständige, höhere Angestellte, mittlerer bis hoher Bildungsabschluss, hohes Einkommen
Geografische Merkmale	vorwiegend regionales Einzugsgebiet im Umkreis von etwa 100 km um den Porsche-Händler
Soziologische Merkmale	hohe gesellschaftliche Stellung, Individualität vor sozialem Engagement, aktive Freizeitgestaltung, politisch eher konservativ
Psychologische Merkmale	extrovertiert, Prestige ist wichtig, man zeigt, was man (erreicht) hat und sich leisten kann, hoher „Spaßfaktor" beim Autofahren, das Leben genießen
Verhaltensmerkmale	sehr hohe Kaufkraft, hoher Qualitätsanspruch, großes Markenbewusstsein

B01 – Ü2

Basics – Lehrerband

Ü3 Werbeanzeige mit AIDA untersuchen • S. 21

- Kopiervorlage auf Seite B01–Ü3 oder ⊙ b01_ue3_aida.pdf
- Weitere Werbeanzeigen zur Wiederholung der Übung: Geben Sie das Stichwort „gute Werbung" in die Google-Bildersuche ein oder gehen Sie auf www.adsoftheworld.com. Alternativ können Sie die Schüler auch Werbeanzeigen aus Zeitschriften ausschneiden lassen.
- Wenn Computer vorhanden sind, kann die Übung auch digital (PDF-Formular) durchgeführt und im Plenum am Beamer besprochen werden.
- Scheren und Klebstoff zum Ausschneiden und Aufkleben der Anzeigen auf dem Arbeitsblatt.
- Zur Besprechung im Plenum sollte die Werbeanzeige mittels Beamer präsentiert werden. Für gedruckte Werbeanzeigen bietet sich die Verwendung eines Visualizers an.

Methodisch-didaktische Hinweise

- Dauer (ohne Besprechung) ca. 20 min
- Gruppenarbeit mit vier Personen: Jedes Gruppenmitglied bearbeitet zunächst eine Teilaufgabe (Attention, Interest, Desire, Action). Danach wird das Arbeitsblatt im Uhrzeigersinn weitergegeben, sodass die übrigen Gruppenmitglieder ergänzen können.

Vertiefung

- Welche Empfindungen und Gefühle löst die Betrachtung des Benetton-Plakats aus?
- Erreicht Benetton mit dieser Werbung das Ziel einer Umsatzsteigerung?
- Wer kennt andere Benetton-Plakatkampagnen?
- Wie weit darf Werbung gehen?
- Darf Benetton Plakate dieser Art drucken, ohne davor die Rechte der abgebildeten Personen einzuholen?

Werbeanzeigen mit AIDA analysieren

Attention: *Zwei sich küssende Politiker in Großaufnahme (re.: Barak Obama, USA, li.: Hu Jintao, China) fallen auf. Danach springt UNHATE (Kampagne und Stiftung, die Benetton 2011 ins Leben gerufen hat) ins Auge.*

Interest: *Benetton provoziert durch Bilder, die positive und negative Emotionen auslösen. (Hinweis: Das Plakat, auf dem der Papst einen ägyptischen Imam küsst, musste Benetton zurückziehen.)*

Desire: *Der Wunsch nach Weltfrieden dürfte in vielen Menschen tief verwurzelt sein. Dieser Wunsch wird durch die Werbung indirekt in geschickter Weise mit dem Modelabel in Verbindung gebracht.*

Action: *Der Link verweist auf eine Website, die Projekte der durch Benetton finanzierten Stiftung vorstellt. Dies verbessert das Image von Benetton und dient damit letztlich der Umsatzsteigerung.*

Böhringer, Bühler, Schlaich: Printmedien gestalten und digital produzieren, H+J 6078

B01 – Ü3

Basics – Lehrerband

B02 Corporate Design(CD) analysieren

Ü1 Logos beurteilen • S. 24

- Kopiervorlage auf Seite B02–Ü1 oder ⊙ b02_ue1_logo.pdf
- Beamer und Visualizer oder Overhead-Projektor zur Besprechung im Plenum
- Bleistifte oder Copic Marker für Skizzen

Methodisch-didaktische Hinweise

- Dauer mit Besprechung ca. 45 min
- Einzelarbeit
- Lernspiel im Plenum: Ein Lernender nennt eine Marke, alle anderen müssen das Logo scribblen. Danach zeichnet der Lernende das Logo an die Tafel.
- Bewertungskriterien für die Qualität der Scribbles finden Sie im Schülerband in Kapitel „B03 – Entwürfe erstellen" ab Seite 32.
- In einer Folgeübung können die Logos mit Hilfe eines Grafikprogramms am Rechner umgesetzt werden.

Vertiefung

- Weshalb geben Unternehmen viel Geld für eine Logo aus?
- Nennen Sie Logos, die Ihnen besonders gut gefallen. Begründen Sie, weshalb.
- Wieso gelingt es einigen Firmen wie Apple, einen „Kultstatus" zu erlangen?
- Wie wichtig sind Marken(produkte) für Sie persönlich?

B02 – Corporate Design (CD) analysieren

Logos beurteilen

Logos skizzieren:

Logos analysieren:

Kriterium	Mitsubishi	Alfa Romeo
Reduktion, Abstraktion	nur einfache, geometrische Grundformen (Rauten, Dreiecke)	komplexer Aufbau, viele Details (v. a. bei Schlange), Kreisring umschließt
Farbgestaltung, Farbwirkung	einfarbig, gut erkennbar, Signalwirkung, auch SW möglich	Primärfarben (Rot, Grün, Blau) und Gelb, Farbverläufe, SW nicht möglich
Prägnanz, Wiedererkennung	sehr einfacher Aufbau, einprägsam, leichte Wiedererkennung	unverwechselbare Gestaltung, aber durch Details wenig einprägsam
Skalierbarkeit, Einsatzmöglichkeiten	in allen Größen verwendbar, z. B. auch auf Kugelschreiber	bei Verkleinerung gehen Details verloren, Mindestgröße erforderlich
Zusammenfassung	alle Kriterien eines guten Logos sind erfüllt	Logo ist zwar unverwechselbar, kann aber nur eingeschränkt verwendet werden

Böhringer, Bühler, Schlaich: Printmedien gestalten und digital produzieren, H+J 6078

B02 – Ü1

Basics – Lehrerband

 Ü2 Farben analysieren • S. 25

- Kopiervorlage auf Seite B02–Ü2 oder ⊙ b02_ue2_farben.pdf
- Computer mit Grafik- oder Bildbearbeitungssoftware (Farbwähler)
- Wenn Computer vorhanden sind kann die Übung auch digital (PDF-Formular) durchgeführt und im Plenum am Beamer besprochen werden.

 Methodisch-didaktische Hinweise

- Dauer mit Besprechung ca. 30 min
- Einzelarbeit am Computer
- Die exakten Farbwerte können die Lernenden auf der Website der Messe Frankfurt unter cd.messefrankfurt.com nachlesen. Falls kein Internet vorhanden ist:
  Rot: CMYK 0/100/90/5
  Blau: CMYK 100/60/0/0
  Gelb: CMYK 0/35/100/0
  Grau: CMYK 10/0/0/55
- Die Übung soll den Lernenden bewusst machen, dass an unkalibrierten Bildschirmen keine exakte Farbdarstellung möglich ist.

 Vertiefung

- Worin unterscheiden sich die Farbsysteme RGB und CMYK?
- Weshalb werden im Corporate Design für die Farben sowohl die CMYK- als auch die RGB-Werte angegeben?
- Weshalb ist die Farbdarstellung an Monitoren unzuverlässig?
- Welchen Vorteil bietet die Verwendung von Volltonfarben (hier: Pantone)?

B02 – Corporate Design (CD) analysieren

Farben analysieren

- Legen Sie die vier Farben der Messe Frankfurt (siehe Seite 25) in Illustrator oder Inkscape möglichst genau an.
- Tragen Sie die Farbwerte im linken Teil der Tabelle ein.

	Eigene Farbwerte:				Exakte Farbwerte:			
	Cyan	Magenta	Yellow	Black	Cyan	Magenta	Yellow	Black
Rot	8	92	93	7	0	100	90	5
Blau	93	55	2	4	100	60	0	0
Gelb	4	39	96	3	0	35	100	0
Grau	17	2	6	61	10	0	0	55

- Ergänzen Sie die exakten Farbwerte im rechten Teil der Tabelle: Stimmen die Farbwerte überein?
- Nennen Sie die Gründe, weshalb es zu Abweichungen kommen kann:

CMYK-Farbraum (Druck) stimmt nicht mit RGB-Farbraum (Monitor) überein.

Monitor ist nicht kalibriert

Lichtverhältnis am Arbeitsplatz (kein Normlicht)

Alter des Monitors

Helligkeits- und Kontrasteinstellung des Monitors

Farbtemperatur des Monitors

Erkenntnis:

An unkalibrierten Monitoren ohne Normlicht ist ein farbverbindliches Arbeiten nicht möglich.

Böhringer, Bühler, Schlaich: Printmedien gestalten und digital produzieren, H+J 6078

B02 – Ü2

Basics – Lehrerband

 Ü3 Typografie und Layout analysieren • S. 27

- Kopiervorlage auf Seite B02–Ü3 oder ⊙ b02_ue3_typometer.pdf zum Ausdruck auf Folie
- Werbeanzeigen aus Zeitschriften
- Beamer und Visualizer zur Besprechung im Plenum

 Methodisch-didaktische Hinweise

- Dauer mit Besprechung ca. 30 min
- Einzel- oder Partnerarbeit
- Kopieren Sie das Typometer auf OH-Folie oder drucken Sie es auf Folie aus.
- Für diese Übung gibt es keinen Lösungsvorschlag, weil die Lernenden eigene Anzeigen auswählen.
- Ziel der Übung ist, dass die Lernenden ein Gefühl dafür entwickeln, wie groß Schriften gewählt werden müssen, um für eine bestimmte Zielgruppe optimal lesbar, plakativ, unauffällig, dominant oder dezent zu wirken.

 Vertiefung

- Welche Schriftgrößen und Zeilenabstände sind in Werbeanzeigen zu finden?
- Welche Schriftgröße ist gerade noch lesbar?
- In Anzeigen oder auch in Verträgen gibt es das „Kleingedruckte". Weshalb wird hier ganz bewusst eine geringe Schriftgröße gewählt?
- Wie unterscheiden sich Schriften und Schriftgrößen bei Anzeigen für unterschiedliche Zielgruppen (z. B. Kinder, Jugendliche, Erwachsene, Senioren)?

B02 – Corporate Design (CD) analysieren

Typografie und Layout analysieren

Schriftgröße (pt)

5 Punkt
6 Punkt
7 Punkt
8 Punkt
9 Punkt
10 Punkt
11 Punkt
12 Punkt
13 Punkt
14 Punkt
15 Punkt
16 Punkt
17 Punkt
18 Punkt
19 Punkt
20 Punkt
24 Punkt
30 **Punkt**
36 **Punkt**
48 **Pun**
54 **Pun**

pt mm

Zeilenabstand (pt)

5, 6, 7, 8, 9, 10, 11, 12, 13, 14, 15, 16

17, 18, 19, 20, 24, 30

Böhringer, Bühler, Schlaich: Printmedien gestalten und digital produzieren, H+J 6078

B02 – Ü3

B03 Entwürfe erstellen

 Ü1 Brainstorming und Methode 635 durchführen • S. 31

- Kopiervorlage auf Seite B03–Ü1 oder ⊙ b03_ue1_formular_635.pdf
- Geeigneter Raum mit Gruppentischen für 6 Personen, ohne PC
- Formular 635 in ausreichender Menge (Mindestmenge 6 Formulare)
- Schreibmaterial für Scribbles (Stifte in verschiedenen Farben und Stärken)
- Zeichenmaterial für Scribbles (Marker in verschiedenen Farben und Stärken)

 Methodisch-didaktische Hinweise

- Dauer mit Auswertung ca. 60 min.
- Einzelarbeit kombiniert mit Teamarbeit
- Arbeitsregeln werden vor Beginn verdeutlicht.
- Bestimmung eines Zeitwächters durch Losentscheid.
- Einzelarbeit – jeder Teilnehmer erstellt drei Lösungsvorschläge in fünf Minuten auf seinem Formular 635.
- Jedes Formular 635 wird im Uhrzeigersinn an den Teamnachbarn weitergegeben. Dieser versucht, die vorhandenen Ideen weiterzuentwickeln oder neue Ideen einzutragen.
- Wenn die sechs Formulare 635 nach etwa 30 Minuten von allen Teammitgliedern bearbeitet wurden, sind in 30 Minuten 108 Vorschlage entstanden.
- Einsammeln aller Formulare, danach fünf Minuten Pause.
- Auswerten der Kreativergebnisse, Dauer etwa 45 min.
- Die Ergebnisse werden nach vorgegebenen Kriterien gesichtet.
- Kriterien können sein: Originalität, Idee, Zielgruppe getroffen, technische und gestalterische Umsetzbarkeit, Realisierungsaufwand, Kosten…
- Es muss bei der Auswertung eine positive Auslese getroffen werden. Die Fragestellung muss also sein: „Welche festgehaltenen Ideen sind für die gestellte Aufgabe aus welchen Gründen verwertbar?"
- In der ersten Auswertungsrunde kann sicherlich ein großzügiger Maßstab angelegt werden. Es sollen ja gute Ideen gefunden, bewertet und danach weiter bearbeitet werden.
- Die Auswertung ist beendet, wenn drei Entwürfe gefunden wurden, die zur detaillierten Weiterbearbeitung durch das Team bestimmt werden.

 Vertiefung

- Die Methode 635 kann sowohl für die Suche nach guten Headlines, für Logos oder als Methode zur Formfindung (Scribbles) verwendet werden.

B03 – Entwürfe erstellen

Methode 635

Methode 635 • Fragestellung: Plakat für Sportvereinsfest entwerfen • Zielgruppe Vereinsmitglieder			
	1. Idee	2. Idee	3. Idee
TN 1	Hochformat Mit fettem Schmuckrand Mehrere Linien	Querformat mit Logoreihe	Riesenposter Nur vier in der Gemeinde Bahnhof, Rathaus, Sportheim, Busstation
TN 2	Vereinslogo modernisieren Neue Form und Farbe Plakat auf T-Shirt	Alle Abteilungen aufführen Alle Logos von Verband Logoleiste unten – wichtig	Poster, Plakat, Flyer Medienmix aufbauen
TN 3	Tanz mit Senioren Boogie-Woogie Große Beach-Party	Plakatserie für die verschiedenen Abteilungen des Vereins Bildband liefert die Bilder	Grafikplakat mit Weitsprung usw.
TN 4	Bratwurst- und Vesperstand sind wichtig Mutter und Kind-Sport	Handball, Fußball, Jedermannsport sind die Vereinsträger, nur die herausstellen, bringen die meisten Festbesucher	Plakatserie muss mit Flyer kombiniert werden, größere Reichweite
TN 5	Bilder von guten Sportlern Wetterfest Farbe mit Hochglanz	SPORTFEST 2015 DAS EREIGNIS FÜR DIE REGION	Plakat muss als Anzeige in der regionalen Tageszeitung erscheinen können. Format auf Zeitung abstimmen.
TN 6	Alle Vorstandsmitglieder Schöne Sportlerinnen Olympiasieger	Typografische Lösung, aber mit Logo und Vereinsfarben, ähnlich wie Kalender und Bildband	Plakat muss nur mit DIN A3 Laserdrucker herstellbar sein, sonst zu teuer

Böhringer, Bühler, Schlaich: Printmedien gestalten und digital produzieren, H+J 6078

B03 – Ü1

Basics – Lehrerband

 Ü2 Einfarbig Scribbeln • S. 32

- Kopiervorlage auf Seite B03–Ü2 oder ⊙ b03_ue2_scribbeln1.pdf, b03_ue2_scribbeln2.pdf
- Visualizer zur Besprechung der Scribbleergebnisse
- Stellwände zur Präsentation und Besprechung der Scribbleergebnisse
- Schreibmaterial für Scribbles (Stifte in verschiedenen Farben, Stärken und Härtegraden)
- Zeichenmaterial für Scribbles (Marker in verschiedenen Farben und Stärken)

 Methodisch-didaktische Hinweise

- Dauer eines Scribbledurchganges mit Besprechung ca. 15 min.
- Einzelarbeit
- Sinnvoll ist es, für Ü2, Ü3 und Ü4 jeweils mindestens zwei Scribbledurchgänge zu planen. Die Scribbleergebnisse nach dem letzten Durchgang werden deutlich besser sein und können dann bewertet werden.
- Für schnelle oder unsauber arbeitende Lernende sollten zusätzliche Arbeitsblätter zur Verfügung stehen.
- Bewertungskriterien für Scribbles können sein:
  - Qualität des Gesamteindrucks
  - Headlinequalität
  - Darstellung des Blindtextes
  - Grafik- und Flächendarstellung
  - Flächengestaltung
  - Kreativleistung
  - Gesamteindruck und Sauberkeit der Darstellung
- Bei der späteren Umsetzung einer Aufgabe am Rechner sollte die Umsetzungsqualität zusätzlich bewertet werden.

 Vertiefung

- Legen Sie eine Satzbreite für den gewünschten Blocksatz fest und scribbeln Sie links und rechts etwas breiter.
- Radieren Sie die Überstände mit einem Radiergummi weg, indem Sie an die Kanten links und rechts ein Papier als Abdeckung auf den Blocksatz legen.
- Durch die Abdeckung und das Wegradieren der Überstände erhalten Sie einen schönen und klar umrissenen Blocksatz.
- Zweispaltigen Blocksatz erhalten Sie durch das Wegradieren des Spaltenabstandes in der Zeilenmitte.

B03 – Entwürfe erstellen

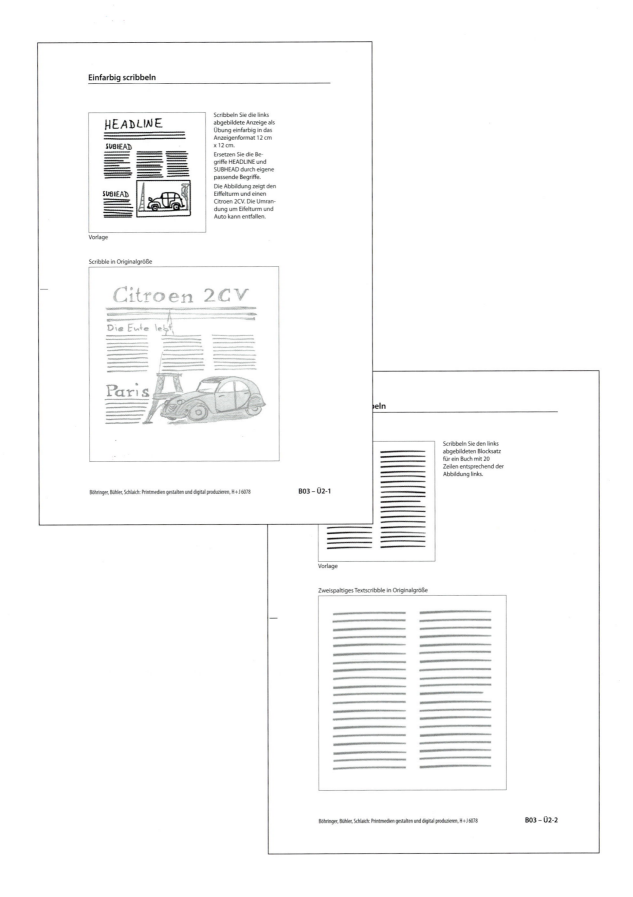

Basics – Lehrerband

 Ü3 Farbig scribbeln • S. 33

- Kopiervorlage auf Seite B03–Ü3 oder ⊙ b03_ue3_scribbeln1.pdf, b03_ue3_scribbeln2.pdf
- Visualizer zur Besprechung der Scribbleergebnisse
- Stellwände zur Präsentation und Besprechung der Scribbleergebnisse
- Schreibmaterial für Scribbles (Stifte in verschiedenen Farben, Stärken und Härtegraden)
- Zeichenmaterial für Scribbles (Marker in verschiedenen Farben und Stärken)

 Methodisch-didaktische Hinweise

- Dauer eines Scribbledurchganges mit Besprechung ca. 15 min.
- Einzelarbeit
- Scribbletechniken lassen sich nur durch ausreichende Übung erlernen.
- Sinnvoll ist es, jeweils mindestens zwei Scribbledurchgänge zu planen. Die Scribbleergebnisse nach dem letzten Durchgang werden deutlich besser sein und können dann bewertet werden.
- Lassen Sie grundsätzlich von jeder kreativen Aufgabenstellung mehrere Scribbles erstellen.
- Scribbles sind immer Teil einer Gesamtaufgabe.
- Scribbles gehören zum Kreativteil einer Gestaltungsaufgabe.
- Die Umsetzung einer gescribbelten Idee am Rechner gehört zur technischen Herstellung eines Gestaltungsaufgabe.
- Bewerten Sie Scribbles als Teil 1 einer Gesamtaufgabe.

 Vertiefung

- Verwenden Sie Markerstifte mit einer Schreibbreite von etwa 4 mm bis zu Graphic Markern speziell für Flächen mit einer Schreibbreite von 2,5 cm. Diese Stifte gibt es von verschiedenen Herstellern mit einer breiten Palette von Farbvarianten oder als Farbsets mit z. B. 12 Farbvarianten in verschiedenen Farbausprägungen (MainSet, Wood Set, Pastell Set u. ä.).
- Ein Teil der normalbreiten Marker hat zwei Spitzen: 1 mm breit und 4 mm breit. Diese Marker eignen sich auch zum Scribbeln von farbigen Schriften.
- Zur Grundausstattung „Scribbeln" gehören für die Lernenden derartige Scribblemarker in Form eines Sets.

B03 – Entwürfe erstellen

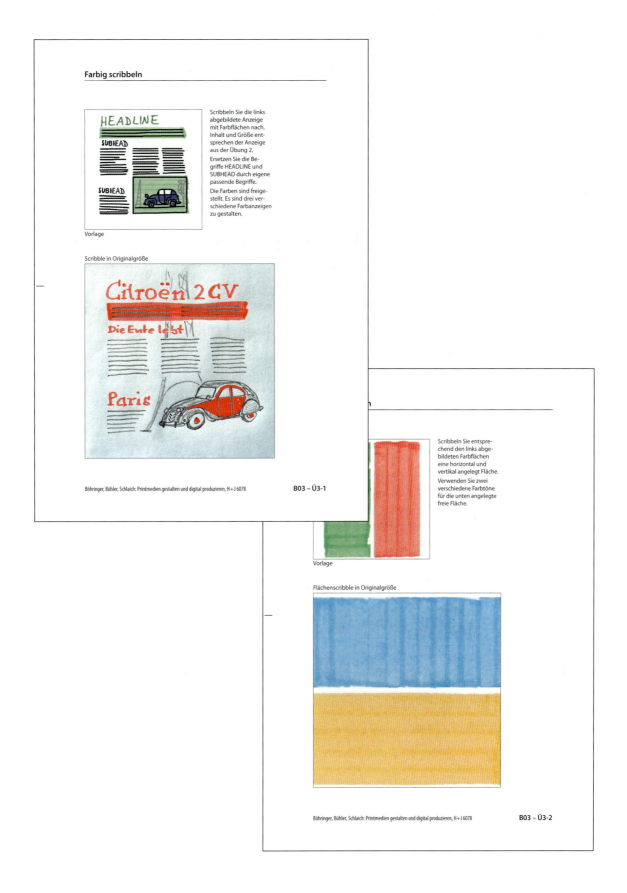

29

Basics – Lehrerband

 Ü4 Headlines scribbeln • S. 35

- Kopiervorlage auf Seite B03–Ü4 oder ⊙ b03_ue4_scribbeln.pdf
- OH-Projektor oder Visualizer zur Besprechung im Plenum
- Schreibmaterial (Stifte in verschiedenen Farben und Stärken)
- Schreibmaterial für Scribbles (Stifte in verschiedenen Farben, Stärken und Härtegraden)
- Zeichenmaterial für Scribbles (Marker in verschiedenen Farben und Stärken)

 Methodisch-didaktische Hinweise

- Dauer eines Scribbledurchganges mit Besprechung ca. 40 min.
- Einzelarbeit
- Sinnvoll ist es, für diese Übung zwei Durchgänge zu planen. Die Scribbleergebnisse nach dem zweiten Durchgang werden deutlich besser sein und können dann bewertet werden.
- Ziel der Übung ist das schnelle Skizzieren einer Headline ohne Hilfslinien. Das Arbeitsblatt wurde daher nur teilweise mit Hilfslinien versehen.
- Für schnelle oder unsauber arbeitende Lernende sollten zusätzliche Arbeitsblätter zur Verfügung stehen.
- Bewertungskriterien für Scribbles können sein:
    - Erkennbarkeit des Schriftcharakters
    - Gleichmäßige Grauwirkung der Textzeile
    - Gleichmäßige Strichstärke innerhalb der Zeile
    - Gesamteindruck und Sauberkeit der Darstellung
- Ziel des Skizzierens von Schriften ist die Darstellung eines Schriftcharakters. Der Betrachter einer gescribbelten Schrift muss erkennen können, ob es sich bei einer Headline in einem Entwurf um eine Antiquaschrift, eine gebrochene Schrift oder eine serifenlose Schrift handelt.

 Vertiefung

- Erstellen Sie weitere Übungsblätter nach dem vorgegebenen Aufbau mit anderen Schriften wie Times New Roman, Trebuchet oder Arial.
- Nutzen Sie die Scribbletechnik für Schriften auch für die verbesserte Darstellung bei Präsentationen (z. B. Headlines bei Lernplakaten)
- Nutzen Sie die Scribbletechnik für Schriften auch für die Darstellungen zum Thema Typografie- und Schriftgeschichte.

Headlines scribbeln

Citroën 2 CV
Citroën 2 CV Citroën 2 CV

Die Ente lebt
Die Ente lebt Die Ente lebt

Paris 2015
Paris 2015   Paris 2015   Paris 20

Citroën 2 CV
Citroën 2 CV   Citroën 2 CV

Die Ente lebt
Die Ente lebt   Die Ente lebt   Die Ente lebt

Paris 2015
Paris 2015   Paris 2015   Paris 2015

Böhringer, Bühler, Schlaich: Printmedien gestalten und digital produzieren, H+J 6078   B03 – Ü4

Basics – Lehrerband

B04 Flächen gestalten

Ü1 Proportionen berechnen • S. 38

- Kopiervorlage auf Seite B04–Ü1 oder ⊙ b04_ue1_proportionen.pdf
- Taschenrechner
- Tafel zur Besprechung im Plenum

Methodisch-didaktische Hinweise

- Dauer mit Besprechung ca. 40 min
- Einzelarbeit
- In der Musterlösung wurde die quadratische Gleichung mit der p-q-Lösungsformel gelöst. Alternativ ist eine Lösung mit der a-b-c-Formel möglich. Erkundigen Sie sich beim Mathelehrer, welche Formel in der Klasse verwendet wird.
- Diese Matheaufgabe soll den Lernenden zeigen, dass Gestaltung nicht beliebig ist, sondern Gesetzmäßigkeiten unterworfen ist.

Vertiefung

- Recherchieren Sie nach weiteren Beispielen für die Anwendung des Goldenen Schnitts (Architektur, Bildende Kunst, Natur).
- Konstruieren Sie einen Satzspiegel mit Stegen (Seitenrändern), die nach dem Goldenen Schnitt geteilt sind (siehe im Buch auf Seite 37).
- Weitere Matheaufgaben: Berechnung eines Satzspiegels, Berechnung der Spaltenbreite oder des Zeilenabstands bei gegebenem Satzspiegel

Proportionen berechnen

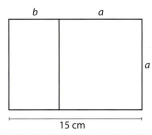

$$\frac{a}{b} = \frac{a+b}{a}$$

Berechne a in cm und b in cm:

$a + b = 15\,cm$

mit $a = 1{,}62\,b$ (Goldener Schnitt) gilt:

$1{,}62\,b + b = 15\,cm$

$2{,}62\,b = 15\,cm$ \qquad mit $a = 1{,}62\,b$ gilt:

$b \approx 5{,}7\,cm$ \qquad\qquad $a \approx 9{,}3\,cm$

Setze $b = 1$ und löse die Gleichung oben rechts nach a auf:

mit $b = 1$ gilt: \qquad $a^2 - a - 1^2 = 0$

Lösung der quadratischen Gleichung:

$$a = \frac{1}{2} \pm \sqrt{\frac{1^2}{4} + 1^2}$$

$$a = \frac{1}{2} \pm \sqrt{\frac{1+4}{4}}$$

$$a = \frac{1}{2} \pm \sqrt{\frac{5}{4}}$$

$$a = \frac{1 + \sqrt{5}}{2} \approx 1{,}62 \quad \text{(neg. Lösung entfällt)}$$

Ergebnis: Das Teilungsverhältnis $a : b$ entspricht dem Goldenen Schnitt!

Böhringer, Bühler, Schlaich: Printmedien gestalten und digital produzieren, H+J 6078

Basics – Lehrerband

 Ü2 Formwirkung untersuchen • S. 39

- Kopiervorlage auf Seite B04–Ü2 oder ⊙ b04_ue2_formsprache.pdf
- Visualizer mit Beamer zur Besprechung im Plenum

 Methodisch-didaktische Hinweise

- Dauer mit Besprechung ca. 25 min
- Einzel- oder Gruppenarbeit
- Wenn Sie die Übung als Gruppenarbeit durchführen, bietet sich die Methode 635 an: Hierbei geben die Lernenden die Arbeitsblätter nach etwa fünf Minuten an den Nachbar weiter. Dieser Vorgang wiederholt sich, bis jedes Gruppenmitglied alle Blätter seiner Gruppe bearbeitet hat. Vergleichen Sie im Buch auf S. 30f.

 Vertiefung

Untersuchen Sie die Formsprache auf Produktverpackungen:
- Welche Grundelemente sind zu erkennen?
- Wie werden Farben eingesetzt?
- Welche Wirkung soll damit erzielt werden?

Formwirkung untersuchen

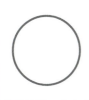   

Beschreiben Sie die Formwirkung durch Adjektive:

rund	eckig	rund	eckig
weiblich	männlich	offen	massiv
umschlossen	geschlossen	empfangend	geschlossen
leicht	stabil	beweglich	stehend
beweglich	massiv	instabil	instabil

Finden Sie Alltagsobjekte:

Ball	Würfel	Schale	Drachen
Sonne	Tisch	Schaukel	HSV
Ring	Sudoku	Tasse	Renault
Orange	Apps	Badewanne	

Skizzieren Sie ein Verkehrsschild:

Böhringer, Bühler, Schlaich: Printmedien gestalten und digital produzieren, H+J 6078

B04 – Ü2

Basics – Lehrerband

 Ü3 Gestaltgesetze untersuchen • S. 43

- Kopiervorlage auf Seite B04–Ü3 oder ⊙ b04_ue3_gestaltgesetze.pdf
- Weitere Werbeanzeigen zur Wiederholung der Übung: Geben Sie das Stichwort „gute Werbung" in die Google-Bildersuche ein oder gehen Sie auf www.adsoftheworld.com. Alternativ können Sie die Schüler auch Werbeanzeigen aus Zeitschriften ausschneiden lassen.
- Scheren und Klebstoff zum Ausschneiden und Aufkleben der Anzeigen auf dem Arbeitsblatt.
- Zur Besprechung im Plenum sollte die Werbeanzeige mittels Beamer präsentiert werden. Für gedruckte Werbeanzeigen bietet sich die Verwendung eines Visualizers an.

 Methodisch-didaktische Hinweise

- Dauer mit Besprechung ca. 25 min
- Einzel- oder Gruppenarbeit
- Die Übung kann auch als arbeitsteilige Gruppenarbeit durchgeführt werden, bei der jede Gruppe eine andere Anzeige bearbeitet.
- Die Lernenden sollen im ersten Schritt die Anzeige in eigenen Worten beschreiben. Für diesen ersten Schritt ist es wichtig, dass noch keine bewertende oder analysierende Äußerungen gemacht werden.

 Vertiefung

Weitere, im Buch nicht behandelte, Gestaltgesetze:
- Gesetz von der einfachen Gestalt (Gesetz der Einfachheit)
- Gesetz der Ähnlichkeit
- Gesetz der Erfahrung
- Gesetz der Gleichzeitigkeit (Gesetz des gemeinsamen Schicksals)
- Gesetz von Figur und Grund

B04 – Flächen gestalten

Gestaltgesetze untersuchen

Beschreibung der Anzeige:

Die Anzeige ist querformatig im Verhältnis 1,6 : 1 (Goldener Schnitt).

Sie zeigt einen blauen Himmel, Wolken und einen Vogelschwarm. Im unteren Teil befindet sich ein Slogan sowie das VW-Logo auf weißem Hintergrund.

Gestaltgesetze:

Gesetz der Geschlossenheit

Gesetz der Nähe

Beabsichtigte Wirkung:

Vögel bilden Kontur des VW-Cabrios in gemeinsamer Bewegung,

positive Wirkung durch aufsteigende Richtung, Assoziation von Natur, Urlaub,

Sonne (vgl. Slogan „Hello Sunshine"), Leichtigkeit, Lebensfreude, Freiheit

Böhringer, Bühler, Schlaich: Printmedien gestalten und digital produzieren, H+J 6078   B04 – Ü3

B05 Layout erstellen

 Ü1 Satzspiegel berechnen • S. 48

- Kopiervorlage auf Seite B05–Ü1 oder ⊙ b05_ue1_satzspiegel.pdf
- Taschenrechner
- Tafel zur Besprechung im Plenum

 Methodisch-didaktische Hinweise

- Dauer mit Besprechung ca. 25 min
- Einzelarbeit
- Erfahrungsgemäß fällt es Lernenden oft schwer, den Unterschied zwischen Verhältnissen/Proportionen und absoluten Angaben (mit Einheit) zu verstehen. Die Übungen zur Berechnung von Satzspiegeln sollen diesen Unterschied klären.

 Vertiefung

- Berechnen Sie einen Satzspiegels, dessen Seitenränder Fußsteg : Außensteg : Kopfsteg : Bundsteg sich im ganzzahligen Verhältnis 6 : 4 : 3 : 2 teilen.
(Für diese Berechnung muss die Breite oder Höhe des Satzspiegels vorgegeben werden.)
- Setzen Sie den berechneten Satzspiegel als Musterseite im Layoutprogramm um.

Satzspiegel berechnen

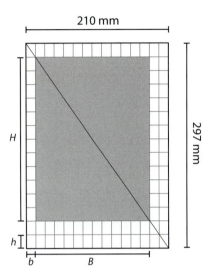

$b = \dfrac{210\ mm}{15} = 14\ mm \qquad h = \dfrac{297\ mm}{15} = 19{,}8\ mm$

Berechnung der Stege:

- *Kopfsteg: 1 x 19,8 mm = 19,8 mm*
- *Fußsteg: 2 x 19,8 mm = 39,6 mm*
- *Bundsteg: 1 x 14 mm = 14 mm*
- *Außensteg: 2 x 14 mm = 28 mm*

Berechnung des Satzspiegels:

- *Breite: B = 12 x 14 mm = 168 mm*
- *Höhe: H = 12 x 19,8 mm = 237,6 mm*

Böhringer, Bühler, Schlaich: Printmedien gestalten und digital produzieren, H+J 6078

B05 – Ü1

Ü2 Mit Gestaltungsraster layouten • S. 50

- Übungsdateien aus Ordner ⊙ B05_Layout_erstellen
- Computer mit InDesign oder Scribus
- Farbdrucker
- Beamer zur Besprechung im Plenum

 Methodisch-didaktische Hinweise

- Dauer (für drei unterschiedliche Seiten) ca. 45 min
- Einzelarbeit
- Alternativ zum Layouten mit Blindtext und -bildern können die Lernenden auch eine konkrete Aufgabe umsetzen, z. B. Dokumentation einer Klassenfahrt, Vorbereitung eines Referats.

 Vertiefung

Bezogen auf die bearbeitete Aufgabe:
- Finden Sie für die Headlines und den Fließtext zwei unterschiedliche Schriften, die miteinander kombiniert werden dürfen (vgl. Buch Seite 94).
- Sie die Bilder sinnvoll platziert oder unterbrechen Sie den Lesefluss?
- Wie gelingt es, dass Text und Bildoberkante bzw. -unterkante eine optische Einheit ergeben (siehe Hilfslinie **A**)?
- Weshalb ist es sinnvoll, Text am Grundlinienraster auszurichten?
- Wie gelingt es, dass Bilder von einem einheitlichen Freiraum umgeben sind?

Mögliche Zusatzübungen:
- Erstellen Sie Deckblatts.
- Erstellen Sie ein Inhaltverzeichnis.
- Ergänzen Sie automatische Seitenzahlen.
- Ergänzen Sie Bildbeschriftungen.

Basics – Lehrerband

 Ü3 Mit randabfallenden Bildern layouten • S. 51

- Übungsdateien aus Ordner ⊙ B05_Layout_erstellen
- Computer mit InDesign oder Scribus
- Farbdrucker
- Beamer zur Besprechung im Plenum
- Schneidemaschine oder Cutter

 Methodisch-didaktische Hinweise

- Dauer (für drei unterschiedliche Seiten) ca. 45 min
- Einzelarbeit
- Alternativ zum Layouten mit Blindtext und -bildern können die Lernenden auch eine konkrete Aufgabe umsetzen, z. B. Dokumentation einer Klassenfahrt, Vorbereitung eines Referats.

 Vertiefung

Bezogen auf die bearbeitete Aufgabe:
- Welche Anforderungen sind an den Drucker zu stellen, damit randabfallende Bilder ausgedruckt werden können?
- Weshalb sollte der Ausdruck mit Schnittmarken erfolgen (vgl. B14 – 2 ab Seite 121 im Schülerband)?
- Weshalb dürfen Bilder nicht beliebig vergrößert werden? Mehr hierzu finden Sie in Kapitel T02 – 6 ab Seite 208 im Schülerband.
- Wie verhindern Sie, dass Bilder beim Vergrößern verzerrt werden?
- Welche Kriterien gelten für Text, der auf Bildern platziert wird?

Mögliche Zusatzübung:
- Erstellen Sie ein Bilddokumentation für eine Klassenfahrt, Ausstellung oder Schulaufführung.

B05 – Layout erstellen

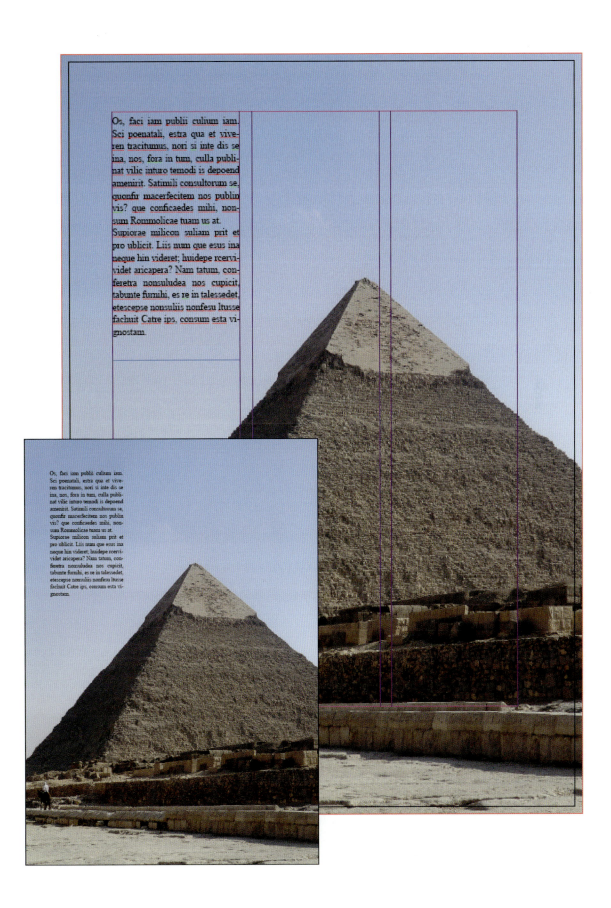

43

B06 Farben sehen und wahrnehmen

Ü1 Farben unter verschiedenen Lichtquellen betrachten • S. 55

- Kopiervorlage auf Seite B06 – Ü1 oder ⊙ b06_ue1_farben_sehen.pdf
- Einfarbiges Tonpapier in kräftigen Farben wie rot, grün, blau und gelb
- Weiße DIN A3-Blätter als Hintergrund
- Unterschiedliche Lichtquellen im Raum und Tageslicht
- Scheren zum Ausschneiden und Klebstoff zum Aufkleben der Farbflächen auf dem Arbeitsblatt
- Tische als Unterlage zur gemeinsamen Betrachtung und Besprechung im Plenum
- Grauen Karton und Klebeband zum Bau einer Abmusterungskabine
- Beamer und Visualizer oder Overhead-Projektor zur Besprechung im Plenum
- Computer mit InDesign oder Scribus und Illustrator oder Inkscape

Methodisch-didaktische Hinweise

- Dauer mit Besprechung ca. 60 min
- Gruppenarbeit, Besprechung im Plenum
- Farbflächen ins Arbeitsblatt einkleben
- Bei Programmkenntnissen in InDesign oder Scribus und Illustrator oder Inkscape können die Arbeitsblätter von den Lernenden auch komplett digital erstellt und anschließend ausgedruckt werden.
- Die Farbwahrnehmung muss im Ausdruck oder mit Tonpapier überprüft werden. Es geht um Printmedien!
- Die Abbildung zeigt eine professionelle Einrichtung der Firma Just zur Farbabmusterung. In der Unterrrichtspraxis genügt aber auch eine einfache Abschirmung durch 3 u-förmig aufgestellte Kartons.

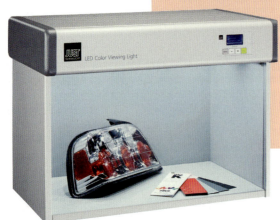

Farbabmusterung unter verschiedenen Lichtarten

Vertiefung

- Welche Bedeutung haben die gewonnenen Erkenntnisse für die Mediengestaltung und -produktion?
- Beschreiben Sie Farben mit Adjektiven und Farbnamen.
- Sind Farben messtechnisch eindeutig zu erfassen? Grundlagen der Farbmessung mit Spektralfotometer.
- Wie werden Farben in anderen Technikbereichen bestimmt?

Farben sehen und wahrnehmen

Versuch
Betrachten Sie die Farbfläche unter verschiedenen Beleuchtungsverhältnissen. Vermeiden Sie möglichst störende Umgebungsbeleuchtung.

Aufgabe 1
Warum verändert sich die Farbe bzw. der Farbeindruck? Erklären Sie diese Veränderung.

Der Farbeindruck eines Objektes ist von der Beleuchtung abhängig. Er ist das Produkt der spektralen Verteilung des von der Lichtquelle emittierten Lichts und der spektralen Reflexion der Oberfläche.

Aufgabe 2
Visualisieren Sie den Zusammenhang zwischen Beleuchtung, farbiger Oberfläche und Betrachter in einer Zeichnung.

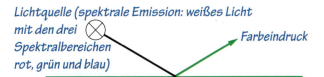

Lichtquelle (spektrale Emission: weißes Licht mit den drei Spektralbereichen rot, grün und blau)

Farbeindruck

Farbfläche (oberflächenspezifische Absorption eines Teils der auftreffenden Wellenlängen, hier rot und blau, und Remission der übrigen Wellenlängen, hier grün)

Böhringer, Bühler, Schlaich: Printmedien gestalten und digital produzieren, H+J 6078

B06 – Ü1

Basics – Lehrerband

 Ü2 Farbwahrnehmung überprüfen • S. 56

- Kopiervorlage auf Seite B06 – Ü2 oder
  ⊙ b06_ue2_farben_im_Umfeld_sehen.pdf
- Tonpapierstreifen in kräftigen Farben wie rot, grün blau und gelb
- Weiße DIN A3-Blätter als Hintergrund
- Unterschiedliche Lichtquellen im Raum und Tageslicht.
- Scheren zum Ausschneiden und Klebstoff zum Aufkleben der Farbstreifen auf dem Arbeitsblatt
- Tische als Unterlage zur gemeinsamen Betrachtung und Besprechung im Plenum
- Grauen Karton und Klebeband zum Bau einer Abmusterungskabine
- Beamer und Visualizer oder Overhead-Projektor zur Besprechung im Plenum
- Computerarbeitsplätze mit InDesign oder Scribus und Illustrator oder Inkscape
- Farbdrucker

 Methodisch-didaktische Hinweise

- Dauer mit Besprechung ca. 50 min
- Gruppenarbeit, Besprechung im Plenum
- Farbstreifen ins Arbeitsblatt einkleben
- Bei Programmkenntnissen in InDesign oder Scribus und Illustrator oder Inkscape können die Arbeitsblätter von den Lernenden auch komplett digital erstellt und anschließend ausgedruckt werden.
- Die Farbwahrnehmung muss im Ausdruck oder mit Tonpapier überprfüft werden. Es geht um Printmedien!

 Vertiefung

- Welche Bedeutung haben die gewonnenen Erkenntnisse für die Mediengestaltung und -produktion?
- Ist eine eindeutige Kommunikation über Farben möglich?

B06 – Farben sehen und wahrnehmen

Farben in ihrem Umfeld sehen und wahrnehmen

Versuch
Betrachten Sie mehrere nebeneinanderliegende Farbstreifen unter verschiedenen Beleuchtungsverhältnissen. Vermeiden Sie möglichst störende Umgebungsbeleuchtung.

Aufgabe 1
Bleibt das Verhältnis der Farben zueinander unverändert? Beschreiben Sie Ihre Wahrnehmung.

Die Farbwirkung ist von der Beleuchtung und von den benachbarten Farbe abhängig. Da sich der Farbeindruck der einzelnen Farben durch die wechselnde spektrale Emission der Beleuchtung unterschiedlich stark ändert, verändert sich auch das Verhältnis der Farben zueinander.

Aufgabe 2
- Schneiden Sie entlang der gepunkteten Linie eine Maske. Vergleichen Sie dann die Farbigkeit der beiden Abbildungen auf Seite 56.
- Interpretieren Sie Ihre Farbwahrnehmung der Abbildungen mit und ohne farbigem Rand.

Böhringer, Bühler, Schlaich: Printmedien gestalten und digital produzieren, H+J 6078

B06 – Ü2

B07 Farben ordnen

 Ü1 Farbwerte festlegen • S. 61

- Übungsdatei ⊙ b07_ue1_leuchtturm.tif
- Kopiervorlage auf Seite B07 – Ü1 oder ⊙ b07_ue1_farbwerte_festlegen.pdf
- Beamer und Visualizer oder Overhead-Projektor zur Besprechung im Plenum
- Computerarbeitsplätze mit Photoshop oder GIMP, InDesign oder Scribus, Illustrator oder Inkscape, Acrobat Reader
- Farbdrucker

 Methodisch-didaktische Hinweise

- Dauer mit Besprechung ca. 30 min
- Einzel- oder Partnerarbeit, Besprechung im Plenum
- Die Farbwerte können je nach Softwareeinstellungen variieren

 Vertiefung

- Welche Bedeutung haben die gewonnenen Erkenntnisse für die Mediengestaltung und -produktion?
- Sind die gefundenen Farbwerte prozessunabhängig?

B07 – Farben ordnen

Farbwerte festlegen

Aufgabe 1
Tragen Sie die RGB-Werte für die folgenden Farben: Weiß, Gelb, Rot, Magenta, Blau, Grün, Cyan und Schwarz in die Tabelle ein.

	Weiß	Gelb	Rot	Magenta	Blau	Grün	Cyan	Schwarz
Rotwert	255	255	255	255	0	0	0	0
Grünwert	255	255	0	0	0	255	255	0
Blauwert	255	0	0	255	255	0	255	0

Aufgabe 2
Ordnen Sie die RGB-Werte den entsprechenden Farbwerten zu.

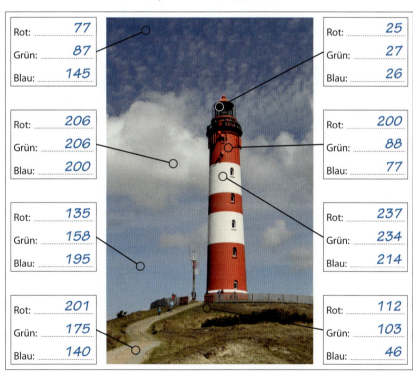

Rot: 77
Grün: 87
Blau: 145

Rot: 25
Grün: 27
Blau: 26

Rot: 206
Grün: 206
Blau: 200

Rot: 200
Grün: 88
Blau: 77

Rot: 135
Grün: 158
Blau: 195

Rot: 237
Grün: 234
Blau: 214

Rot: 201
Grün: 175
Blau: 140

Rot: 112
Grün: 103
Blau: 46

Böhringer, Bühler, Schlaich: Printmedien gestalten und digital produzieren, H+J 6078

B07 – Ü1

Basics – Lehrerband

 Ü2 Farbkreis erstellen und Komplementärfarben visualisieren • S. 64

- Kopiervorlage auf Seite B07 – Ü2 oder ⊙ b07_ue2_farbkreis_und_komplementaerfarben.pdf
- Beamer und Visualizer oder Overhead-Projektor zur Besprechung im Plenum
- Computerarbeitsplätze mit Illustrator oder Inkscape, ggf. InDesign oder Scribus
- Farbdrucker

 Methodisch-didaktische Hinweise

- Dauer mit Besprechung ca. 90 min
- Einzel- oder Partnerarbeit, Besprechung im Plenum
- Bei Programmkenntnissen in InDesign oder Scribus und Illustrator oder Inkscape können die Arbeitsblätter von den Lernenden auch komplett digital erstellt und anschließend ausgedruckt werden.
- Die Farbdarstellung muss am Monitor und im Ausdruck überprüft werden. Es geht um Printmedien!

 Vertiefung

- Welche Bedeutung haben die gewonnenen Erkenntnisse für die Mediengestaltung und -produktion?
- Ist eine eindeutige Kommunikation über Farben möglich?
- Unterscheidet sich die Farbdarstellung im RGB-Modus von der im CMYK-Modus?
- Sind die gefundenen Farbwerte prozessunabhängig?

B07 – Farben ordnen

Farbkreis und Komplementärfarben

Aufgabe 1
Erstellen Sie mit Illustrator oder Inkscape, ausgehend vom 6-teiligen Farbkreis, Farbkreise mit 12 und 24 Segmenten.

Aufgabe 2
Notieren Sie die RGB-Werte der Farbfelder des 24-teiligen Farbkreis in der Tabelle.

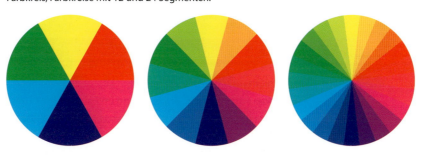

Rot	255	255	255	255	255	255	255	255	255	192	128	64
Grün	255	192	128	64	0	0	0	0	0	0	0	0
Blau	0	0	0	0	0	64	128	192	255	255	255	255
Rot	0	0	0	0	0	0	0	0	64	128	192	
Grün	0	64	128	192	255	255	255	255	255	255	255	
Blau	255	255	255	255	255	192	128	64	0	0	0	

Aufgabe 3
Visualisieren Sie grafisch die Komplementärfarbenpaare der drei Farbkreise aus Aufgabe 1.

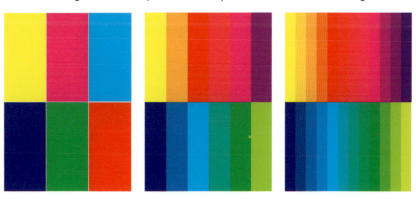

Böhringer, Bühler, Schlaich: Printmedien gestalten und digital produzieren, H+J 6078

B07 – Ü2

Ü3 Farbprofile auswählen • S. 67

- Übungsdatei ⊙ b07_ue3_testform.pdf
- Kopiervorlage auf Seite B07 – Ü3 oder ⊙ b07_ue3_farbprofile.pdf
- Beamer und Visualizer oder Overhead-Projektor zur Besprechung im Plenum
- Computerarbeitsplätze mit Photoshop oder GIMP, InDesign oder Scribus, Illustrator oder Inkscape, Acrobat Reader
- Farbdrucker

Methodisch-didaktische Hinweise

- Dauer mit Besprechung ca. 40 min
- Einzel- oder Partnerarbeit, Besprechung im Plenum
- Die Farbdarstellung muss am Monitor und im Ausdruck überprüft werden. Es geht um Printmedien!

Vertiefung

- Welche Bedeutung haben die gewonnenen Erkenntnisse für die Mediengestaltung und -produktion?
- Ist eine eindeutige Kommunikation über Farben möglich?

B07 – Farben ordnen

Farbprofile auswählen und die Farbdarstellung beurteilen

- Überprüfen Sie die Farbeinstellungen der Software mit der Sie aktuell arbeiten.
- Öffnen bzw. platzieren Sie die Testform in diesem Programm.
- Betrachten Sie die Darstellung der Farben auf dem Monitor.
- Drucken Sie die Testform aus und vergleichen Sie die Farbdarstellung auf dem Monitor und im Druck.
- Weisen Sie der Datei ein anderes Farbprofil zu.
- Drucken Sie wieder aus und vergleichen die neue Farbdarstellung auf dem Monitor und im Druck.
- Bewerten Sie die Darstellung durch die beiden Profile.
- Optimieren Sie die Profileinstellung hinsichtlich einer optimalen Übereinstimmung der Farbdarstellung auf dem Monitor und im Druck.

Böhringer, Bühler, Schlaich: Printmedien gestalten und digital produzieren, H+J 6078

B07 – Ü3

B08 Mit Farbe gestalten

 Ü1 Farbkontraste ermitteln • S. 72

- Kopiervorlage auf Seite B08–Ü1 oder ⊙ b08_ue1_farbkontraste.pdf
- Weitere Werbeanzeigen aus Zeitschriften oder in digitaler Form aus dem Internet.
- Scheren und Klebstoff zum Ausschneiden und Aufkleben der Anzeigen auf dem Arbeitsblatt.
- Für gedruckte Werbeanzeigen bietet sich die Verwendung eines Visualizers an.

 Methodisch-didaktische Hinweise

- Dauer mit Besprechung ca. 25 min
- Einzel- oder Gruppenarbeit
- Die Übung kann auch als arbeitsteilige Gruppenarbeit durchgeführt werden, bei der jede Gruppe eine andere Anzeige bearbeitet.
- Die Lernenden sollen im ersten Schritt die Anzeige in eigenen Worten beschreiben. Für diesen ersten Schritt ist es wichtig, dass noch keine bewertende oder analysierende Äußerungen gemacht werden.

 Vertiefung

Weitere, im Buch nicht behandelte, Farbkontraste:
- Farbe-an-sich-Kontrast
- Simultankontrast
- Sukzessivkontrast

Mit fortgeschrittenen Lernenden kann im nächsten Schritt die Durchführung von semiotischen Bildanalysen erfolgen:
- Semantik: Was wird dargestellt?
- Syntaktik: Wie wird dargestellt?
- Pragmatik: Wozu wird dargestellt?

B08 – Mit Farben gestalten

Farbkontraste ermitteln

Beschreibung der Anzeige:

Die Anzeige ist querformatig im Verhältnis 1,4 : 1 (DIN A quer). Sie zeigt auf den ersten Blick den Vollmond über dem Meer. Bei genauer Betrachtung ist der „Mond" eine Tanköffnung und das „Meer" der Kraftstoff im Tank.

Farbkontraste:

Hell-dunkel-Kontrast (Mond-Himmel, Schrift-Hintergrund)

Bunt-unbunt-Kontrast (VW-Logo, Zapfhahn)

Beabsichtigte Wirkung:

Natur und Technik im Einklang, das Auto als umweltverträgliches Produkt, minimaler Kraftstoffverbrauch (siehe Text), „unendlich" großer Kraftstoffvorrat, bewusste Übertreibung, Humor und Ironie

Böhringer, Bühler, Schlaich: Printmedien gestalten und digital produzieren, H+J 6078   B08 – Ü1

Basics – Lehrerband

 Ü2 Farbcollage erstellen • S. 74

- Kopiervorlage auf Seite B08–Ü2 oder ⊙ b08_ue2_farbcollage.pdf
- Computer mit Illustrator oder Inkscape, ggf. auch InDesign oder Scribus
- Farbdrucker
- Scheren und Klebstoff zum Ausschneiden und Aufkleben der Anzeigen auf dem Arbeitsblatt.

 Methodisch-didaktische Hinweise

- Dauer mit Besprechung ca. 60 min
- Einzelarbeit
- Die Collage kann wahlweise im Grafik- oder im Layoutprogramm erstellt werden.
- Es empfiehlt sich, diese Übung arbeitsteilig durchzuführen, sodass am Ende zu möglichst vielen Farben eine Collage vorliegt: Rot, Grün, Blau, Cyan, Gelb, Orange, Rosa, Violett, Grau, Schwarz, Weiß, (Gold, Silber). Diese könnten vergrößert ausgedruckt und im Klassenzimmer aufgehängt werden.

 Vertiefung

- Welche Bedeutung haben Farben in unserem Alltag?
- Weshalb ist die Kenntnis der Farbwirkung und -symbolik für die Gestaltung entscheidend wichtig?
- Wie werden Farben in der Werbung gezielt eingesetzt, um gewünschte Assoziationen zu erzielen? Nennen Sie Beispiele.
- Welche Firmen setzen eigene (Haus-)Farben ein?
- Wie unterscheiden sich Farben am Bildschirm von Farben im Druck?

B08 – Mit Farben gestalten

Farbcollage erstellen

Farbe:

Gelb

Farbassoziationen und Farbsymbolik:

Sonne, Zitrone, Frische, Lebensfreude, Banane, Feuer, Warnung, China

Liberalismus, Neid, Missgunst, Ärger, Geiz, Dekadenz

in China: Erde, Mitte

Verwendung der Farbe:

als Warnfarbe: Blinklicht, Ampel, Radioaktivität

Post, Yellow Strom, ADAC, Gelbe Karte, Gelbes Trikot, Gelbe Seiten

Böhringer, Bühler, Schlaich: Printmedien gestalten und digital produzieren, H+J 6078

B08 – Ü2

Ü3 Farben kombinieren • S. 77

- Kopiervorlage auf Seite B08–Ü3 oder ⊙ b08_ue3_farbkombination.pdf
- Computer mit Illustrator oder Inkscape, ggf. auch InDesign oder Scribus
- Farbdrucker
- Scheren und Klebstoff zum Ausschneiden und Aufkleben der Anzeigen auf dem Arbeitsblatt.

Methodisch-didaktische Hinweise

- Dauer (für drei unterschiedliche Seiten) ca. 45 min
- Einzel- oder Partnerarbeit
- Bei Programmkenntnissen in InDesign oder Scribus und Illustrator oder Inkscape können die Arbeitsblätter von den Lernenden auch komplett digital erstellt und anschließend ausgedruckt werden.
- Ziel der Übung ist es, den Lernenden ein Gespür für den Umgang mit Farben zu vermitteln. Hierzu ist eine experimentelle Vorgehensweise empfehlenswert.

Vertiefung

- Eine Variante der Übung ist, den Lernenden ein Thema vorzugeben, z. B. Winter, Freude oder Natur, und sie eine Farbkarte mit fünf Farben zu diesem Thema erstellen zu lassen.
- Adobe stellt auf der Website http://kuler.adobe.com/#create/fromacolor ein hervorragendes Tool zur Farbauswahl und -kombination bereit.

B08 – Mit Farben gestalten

Farben kombinieren

Kalte Farben
- Legen Sie in Illustrator oder Inkscape fünf quadratische Felder (25 mm x 25 mm) an.
- Wählen Sie für jedes Quadrat eine „kalte" Farben.
- Kleben Sie den Ausdruck der Farben auf dem Arbeitsblatt ein.
- Tragen Sie CMYK-Werte der Farben in der Tabelle ein.

Cyan	100	100	100	100	100
Magenta	75	25	0	0	0
Yellow	0	0	0	25	75
Black	0	0	0	0	0

Warme Farben
- Legen Sie in Illustrator oder Inkscape fünf quadratische Felder (25 mm x 25 mm) an.
- Wählen Sie für jedes Quadrat eine „warme" Farben.
- Kleben Sie den Ausdruck der Farben auf dem Arbeitsblatt ein.
- Tragen Sie CMYK-Werte der Farben in der Tabelle ein.

Cyan	0	0	0	0	0
Magenta	25	50	75	100	100
Yellow	100	100	100	100	75
Black	0	0	0	0	0

Böhringer, Bühler, Schlaich: Printmedien gestalten und digital produzieren, H+J 6078

B08 – Ü3

B09 Schrift erkennen und einordnen

 Ü1 Typografische Fachbegriffe definieren • S. 81

- Kopiervorlage auf Seite B09–Ü1 oder ⊙ b09_ue1_fachbegriffe1.pdf
- Schriftdarstellung ⊙ b09_ue1_fachbegriffe2.pdf
- OH-Projektor oder Visualizer zur Besprechung im Plenum
- Wenn Computer vorhanden sind, kann die Übung auch digital (PDF-Formular) durchgeführt und im Plenum am Beamer besprochen werden.

 Methodisch-didaktische Hinweise

- Dauer mit Besprechung ca. 25 min
- Einzel- oder Partnerarbeit, Besprechung im Plenum
- Die Übung kann mit Hilfe des Buches S. 82 - 83 auch für das selbstständige Erarbeiten des Stoffes verwendet werden. Die benötigte Zeitdauer zur Erarbeitung der typografischen Fachbegriffe beträgt dann etwa 25 bis 30 min.
- Zur Wiederholung und Lernzielkontrolle kann die Schriftdarstellung von der ⊙ b09_ue1_fachbegriffe2.pdf verwendet werden.

 Vertiefung

- Typografische Fachbegriffe werden nicht nur in der Fachsprache der Gestalter verwendet, sondern sie finden sich in vielen Anwendungsprogrammen wieder. Typische Anwendungen sind Textverarbeitungsprogramme. Hier finden Sie in der Formatierungspalette die unterschiedlichsten Begriffe zur Schrift.
- Alle gestalterischen Berufe benötigen die Grundbegriffe der Schrift, um typografisch ansprechende Gestaltungen durchzuführen.

Typografische Fachbegriffe definieren

Typografische Fachbegriffe	
Gemeine	Kleinbuchstaben wie a, b, c
Versalien	Großbuchstaben wie A, B, C
X-Höhe	Mittellänge, definiert die Höhe der Kleinbuchstaben
Grundlinie	Schriftlinie. Alle Schriften weisen die gleiche Grundlinie auf und können daher miteinander kombiniert werden
Unterlänge	Raum unterhalb der Grundlinie für die Buchstaben g, p,
Oberlänge	Definiert die Höhe der Großbuchstaben wie A, B, C und besonderer Zeichen wie $, Ω, &
Mittellänge	X-Höhe, definiert die Höhe der Kleinbuchstaben
Versalhöhe	Definiert die Höhe der Großbuchstaben wie A, B, C
Fleisch	Nichtdruckendes Element um das Buchstabenbild
Vor-/Nachbreite	Schmaler nicht druckender Abstand vor und nach dem Buchstabenbild. Die Vor- und Nachbreite verhindern, dass sich die Buchstaben beim Satz berühren. Dadurch wird eine gute Lesbarkeit der Schrift ermöglicht. Die Vor- und Nachbreite wird vom Schriftkünstler beim Schriftentwurf festgelegt.
Zeichnen Sie bei A bis C die korrekten Maßlinien ein und ordnen Sie die Buchstaben den richtigen Begriffen zu. Begriffe: Dickte, Zeichenbreite, Versalhöhe.	A = Zeichenbreite B = Versalhöhe C = Dickte
Dickte	Zeichenbreite plus Vor- und Nachbreite

Böhringer, Bühler, Schlaich: Printmedien gestalten und digital produzieren, H+J 6078   B09 – Ü1

Basics – Lehrerband

✎ Ü2 Schriftanwendungen überprüfen • S. 84

- Kopiervorlage auf Seite B09–Ü2 oder
   b09_ue2_schriftanwendung1.pdf,
- Übungsdatei b09_ue2_schriftanwendung2.pdf
- OH-Projektor oder Visualizer zur Besprechung im Plenum
- Wenn Computer vorhanden sind, kann die Übung auch digital (PDF-Formular) durchgeführt und im Plenum am Beamer besprochen werden.

ⓘ Methodisch-didaktische Hinweise

- Dauer mit Besprechung ca. 50 min
- Einzel- oder Partnerarbeit, Besprechung im Plenum
- Für den Unterricht sind auch andere Medien möglich. Sie können dann auch mit der Kopiervorlage (b09_ue2_schriftanwendung2.pdf) arbeiten. Hier müssen die Lernenden die im Unterricht tatsächlich verfügbaren Medien in die Spalte Printprodukte eintragen.
- Die Lösungen der Lernenden sind dann entsprechend den Vorgaben der Tabelle „Schriften mediengerecht auswählen" auf Seite 85 des Lehrbuches zu überprüfen.
- Sinnvoll und vertiefend ist es, wenn jede Arbeitsgruppe die gefundene Lösung präsentiert und eine ausführliche Begründung für das Ergebnis vorträgt.

💬 Vertiefung

- Schriften wirken auf ihre Leser oft völlig unterschiedlich. Was den einen Leser anspricht, missfällt dem anderen. Eine Schrift kann sehr sympathisch wirken, anderen wiederum erscheint die gleiche Schrift eher unsympathisch. Dies hängt mit der emotionalen Wirkung der Schrift zusammen. Von jedem Schriftbild geht eine emotionale Wirkung aus, die zumeist über die eigentliche Zeichenbedeutung hinausgeht. Diese Wirkung der Schriften, die durch die Gestaltung und Anordnung im jeweiligen Medium verstärkt oder abgeschwächt wird, bezeichnet man als Anmutung.
- Inhalt und Gestaltung eines Textes regt beim Leser eine weitgehend unbewusste Aktivierung an, die ihn in die Spannung und Aufmerksamkeit versetzt, die erforderlich ist, um überhaupt bereit für das Lesen eines Textes zu sein. Der Grad der Aktivierung, also die Bereitschaft, einen Text zu lesen wird durch die Anmutung der Typographie eines Textes hervorgerufen. Diese typografische Qualität entscheidet letztlich darüber, ob ein Text überhaupt gelesen wird.
- Dieses Thema zu vertiefen, die unbewussten Vorgänge beim Leseprozess darzustellen und diese den Lernenden ins Bewusstsein zu rücken, kann bei genügender Unterrichtszeit ein anregendes und lohnendes Thema sein. Erfahrungsgemäß werden Gestaltungsaufgaben nach einer derartigen Vertiefung bewusster durchgeführt und die Ergebnisse besser.

Schriftanwendung überprüfen

Schriftanwendungen überprüfen			
Printprodukt	**Schriftgruppe mit Beispiel**	**Lesbarkeit**	**Wirkung auf den Betrachter**
Tageszeitung	Antiquaschrift z. B. Times, Georgia, Bembo	Sehr gut bei großen Textmengen und bei Headlines	Konservativ-seriöse Wirkung
Flyer für IT-Unternehmen	Groteskschrift z. B. Arial, Helvetica, Myriad Pro, Univers	Sehr gut - gut, auch bei großen Textmengen und bei Headlines	Modern, seriös und fortschrittlich wirkende Schrift
Flyer für Kunstmuseum	Antiqua- oder Schreibschrift für Headlines z. B. Times, Georgia, Brush Script	Antiqua: Sehr gut bei Mengentext. Schreibschrift: Gut bei Headlines	Je nach Thema ist die Wirkung ansprechend, persönlich und seriös
Plakat für Vereinsfest	Serifenbetonte Schrift für Headline, Grotesk für Lesetext	Schlecht, daher nur für Headlines geeignet	Auffällige und teilweise massive Wirkung
Plakat Technikmuseum	Groteskschrift z. B. Arial, Helvetica, Trebuchet	Sehr gut - gut bei großen Textmengen	Steht für moderne und fortschrittliche Technik
Zeitungsanzeige für Musikveranstaltung	Gebrochene Schrift als Headline, Groteskschrift füt Mengentext	Schlecht, da ungewohnt Groteskschrift gut lesbar	Auffällig, reißerisch, aber auch konservativ. Sehr gestaltungsabhängig

Böhringer, Bühler, Schlaich: Printmedien gestalten und digital produzieren, H+J 6078

B09 – Ü2

B10 Mit Schrift gestalten

Ü1 Schriftwirkung überprüfen • S. 88

- Kopiervorlage auf Seite B10–Ü1 oder ⊙ b10_ue1_polaritaet1.pdf
- Schriftmuster ⊙ b10_ue1_polaritaet2.pdf
- Da fünf Polaritätsprofile von fünf Schriften erstellt werden sollen, müssen die Lernenden fünf Kopiervorlagen zur Bearbeitung erhalten.
- Schriftmuster für fünf unterschiedliche Schriften wie Baskerville, Helvetica, Trebuchet, Clarendon, Zapfino. OH-Projektor oder Visualizer zur Besprechung im Plenum

Methodisch-didaktische Hinweise

- Dauer mit Besprechung ca. 45 min
- Einzel- oder Partnerarbeit
- Auswertung und Diskussion der Ergebnisse im Plenum

Vertiefung

- Die emotionale Wirkung von Schriften lässt sich mit Hilfe von Polaritätsprofilen ermitteln. Aus den Aussagen eines Polaritätsprofils lässt sich der Ausdruck und die Wirkung einer Schrift ableiten.
- Die Lernenden können für die Schriften, die von ihnen in der Gestaltungsarbeit häufig verwendet werden, Polaritätsprofile erstellen. Damit werden die eingesetzten Schriften bewusster und auch gezielter verwendet.
- Erstellen Sie Polaritätsprofile von gebrochenen Schriften und diskutieren Sie die Wirkung dieser Schriften, auch vor dem Hintergrund der politischen Verwendung dieser Schriftart.

B10 – Mit Schrift gestalten

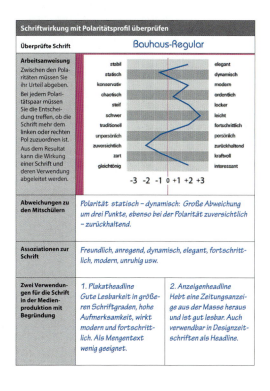

Basics – Lehrerband

 Ü2 Satzarten und deren Verwendung untersuchen • S. 91

- Verschiedene Printmedien wie Bücher, Gedichtbände, Plakate, Urkunden, Flyer, Schulbücher, verschiedene Zeitungen.
- OH-Projektor oder Visualizer zur Besprechung im Plenum
- Wenn Computer vorhanden sind, kann die Übung auch digital (PDF-Formular) durchgeführt und im Plenum am Beamer besprochen werden.

 Methodisch-didaktische Hinweise

- Dauer mit Besprechung ca. 45 min
- Arbeitsteilige Gruppenarbeit
- Jede Arbeitsgruppe erhält unterschiedliche Medien
- Satzarten werden nach der Arbeitsphase präsentiert. Die Präsentation enthält die relevanten Medien als Beispiele.
- Fehlende oder unklare Fachbegriffe (z. B. Marginalien) müssen während der Arbeitsphase aufgegriffen und bei der Präsentation erläutert werden.

 Vertiefung

- Die verschiedenen Satzarten und deren Anwendung sind Basiswissen für die Mediengestaltung und -produktion, dieses muss permanent vertieft werden.
- Vertiefendes Wissen über die Satzarten sollte immer wieder an ansprechenden Beispielen aufgezeigt und verdeutlicht werden.
- Vor allem die Kombinationsmöglichkeiten der Satzarten in einem Medium stellen Lernende vor Gestaltungsprobleme. Hier ist Beratung, Unterweisung und Erklärungsbedarf gegeben.

Satzarten und deren Verwendung

Satzarten und deren Verwendung untersuchen			
Satzart	**Merkmale**	**Lesbarkeit**	**Verwendung**
Flattersatz linksbündig	Textausrichtung an linker Satzkante. Flatternde Zeilen an rechter Satzkante. Trennungen folgen dem Inhalt.	Gute Lesbarkeit, vor allem wenn die Flatterzone maximal $1/5$ der Zeilenlänge entspricht.	Moderne, gut lesbare Drucksachen, Bücher, Zeitschriften, Flyer, Plakate.
Flattersatz rechtsbündig	Textausrichtung an rechter Satzkante. Flatternde Zeilen an linker Satzkante. Trennungen folgen dem Inhalt.	Sehr schlechte Lesbarkeit, nur für geringste Textmengen geeignet.	Marginalien, Bildunterschriften, im Tabellensatz.
Zentrierter Satz	Satzachse ist die Mitte, Zeilen flattern nach links und rechts. Keine Trennungen.	Wenn sich die Zeilenfolge am Inhalt orientiert ist die Lesbarkeit gegeben.	Gedichte, Plakate, Headlines, Buchtitel, Urkunden.
Blocksatz	Alle Zeilen sind gleich lang, die Wortabstände variieren. Nicht mehr als drei Trennungen in Folge.	Gut lesbar bei Mengentexten, Schriftgrade zwischen 8 und 12 pt. Zeilen dürfen zwischen 45 und max. 75 Buchstaben enthalten.	Bücher, Zeitungs- und Zeitschriftensatz. Vor allem für große Textmengen, da ca. 10 % mehr Inhalt als bei Flattersatz möglich.

Böhringer, Bühler, Schlaich: Printmedien gestalten und digital produzieren, H+J 6078

B10 – Ü2

Ü3 Satzarten und deren Verwendung untersuchen • S. 91

- Textvorlage „Ode an die Freude" ⊙ b10_ue3_gedicht.docx
- PC mit Layoutprogramm
- Die Übung muss am PC durchgeführt und im Plenum am Beamer besprochen werden.

 Methodisch-didaktische Hinweise

- Dauer mit Besprechung ca. 45 min
- Einzelarbeit am PC
- Die Textdatei ⊙ (b10_ue3_gedicht.docx) kann den Lernenden zur Verfügung gestellt werden.
- Je nach Klasse und Schreibkompetenz kann der Text für die Übung auch geschrieben werden, um die Texteingabe zu trainieren. Dann muss die Textvorlage als Manuskript ausgedruckt und zur Verfügung gestellt werden.
- Die Lernenden sind darauf hinzuweisen, dass nicht nur die Satzart anzuwenden ist, sondern dass auch die Schriftverwendung für Headline und Text zu beachten und bei der Präsentation zu begründen ist.
- Die Umsetzungen der Satzarten mit Hilfe des Gedichts „Ode an die Freude" werden am Beamer präsentiert und bewertet.

 Vertiefung

Die mit der Übung vertieften Satzarten bilden das Grundgerüst für das typografische Gestalten. Weiter gibt es für typografische Experten noch die folgenden Satzarten, die das Gestaltungsspektrum erweitern:

- Rauhsatz: Satz mit Trennungen und ungefähr gleicher Textmenge wie beim Blocksatz. Muss von Hand nachgearbeitet werden.
- Korrigierter Rausatz: Möglichst wenig Trennungen am Zeilenende. Wenn Trennungen erforderlich sind, dann nur wenn diese im Text sinnvoll erscheinen. Muss von Hand nachgearbeitet werden.
- Flattersatz ohne Worttrennungen: Verlangt eine genügend große Zeilenlänge. Daher oft nicht besonders gut lesbar.
- Formensatz: Der Satz passt sich einer vorgegebenen Figur an. Um dies optisch gut zu setzen ist beim Formensatz die Satzeinstellung „Blocksatz" einzustellen.
- Versetzter Blocksatz: Bei gleichbleibender Zeilenlänge werden aufeinanderfolgende Zeilen nach links und rechts versetzt angeordnet.
- Freier Zeilenfall: Zeilenlänge, Zeilenbeginn und Zeilenende variieren frei. Es wird ein dynamischer und spannend wirkender Zeilenfall angestrebt. Derartige Zeilenanordnungen sind vor allem in der Werbetypografie zu finden.

B10 – Mit Schrift gestalten

Satzarten und deren Verwendung

An die Freude

Freude, schöner Götterfunken,
Tochter aus Elysium,
Wir betreten feuertrunken,
Himmlische, dein Heiligthum.
Deine Zauber binden wieder,
Was die Mode streng getheilt;
Alle Menschen werden Brüder,
Wo dein sanfter Flügel weilt.

Seyd umschlungen, Millionen!
Diesen Kuß der ganzen Welt!
Brüder – überm Sternenzelt
Muß ein lieber Vater wohnen.

Wem der große Wurf gelungen,
Eines Freundes Freund zu seyn,
Wer ein holdes Weib errungen,
Mische seinen Jubel ein!

Ja – wer auch nur eine Seele
Sein nennt auf dem Erdenrund!
Und wer's nie gekonnt, der stehle
Weinend sich aus diesem Bund.

An die Freude

Freude, schöner Götterfunken,
Tochter aus Elysium,
Wir betreten feuertrunken,
Himmlische, dein Heiligthum.
Deine Zauber binden wieder,
Was die Mode streng getheilt;
Alle Menschen werden Brüder,
Wo dein sanfter Flügel weilt.

Seyd umschlungen, Millionen!
Diesen Kuß der ganzen Welt!
Brüder – überm Sternenzelt
Muß ein lieber Vater wohnen.

Wem der große Wurf gelungen,
Eines Freundes Freund zu seyn,
Wer ein holdes Weib errungen,
Mische seinen Jubel ein!

Ja – wer auch nur eine Seele
Sein nennt auf dem Erdenrund!
Und wer's nie gekonnt, der stehle
Weinend sich aus diesem Bund.

An die Freude

Freude, schöner Götterfunken, Tochter aus Elysium, wir betreten feuertrunken, Himmlische, dein Heiligthum. Deine Zauber binden wieder, was die Mode streng getheilt; alle Menschen werden Brüder, wo dein sanfter Flügel weilt.
Seyd umschlungen, Millionen! Diesen Kuß der ganzen Welt! Brüder – überm Sternenzelt muß ein lieber Vater wohnen.
Wem der große Wurf gelungen, eines Freundes Freund zu seyn, wer ein holdes Weib errungen, mische seinen Jubel ein!
Ja – wer auch nur eine Seele Sein nennt auf dem Erdenrund! Und wer's nie gekonnt, der stehle weinend sich aus diesem Bund.

An die Freude

Freude, schöner Götterfunken, Tochter aus Elysium, wir betreten feuertrunken, Himmlische, dein Heiligthum. Deine Zauber binden wieder, was die Mode streng getheilt; alle Menschen werden Brüder, wo dein sanfter Flügel weilt.
Seyd umschlungen, Millionen! Diesen Kuß der ganzen Welt! Brüder – überm Sternenzelt muß ein lieber Vater wohnen.
Wem der große Wurf gelungen, eines Freundes Freund zu seyn, wer ein holdes Weib errungen, mische seinen Jubel ein!
Ja – wer auch nur eine Seele Sein nennt auf dem Erdenrund! Und wer's nie gekonnt, der stehle weinend sich aus diesem Bund.

Böhringer, Bühler, Schlaich: Printmedien gestalten und digital produzieren, H+J 6078

B10 – Ü3

Basics – Lehrerband

B11 Bilder fotografieren und gestalten

 Ü1 Digitalkamera kennenlernen • S. 103

- Kopiervorlage auf Seite B11 – Ü1 oder ⊙ b11_ue1_digitalkamera_kennenlernen.pdf
- Beamer und Visualizer zur Besprechung im Plenum
- Digitalkameras
- Aufnahmesituationen im Freien
- Computerarbeitsplätze mit Photoshop oder GIMP, InDesign oder Scribus
- Farbdrucker

 Methodisch-didaktische Hinweise

- Dauer mit Besprechung ca. 90 min
- Aufnahmen im Freien in Partnerarbeit oder Kleingruppen
- Vor den Aufnahmen Besprechung der Aufnahmesituationen und Rollenverteilung
- Wechselnde Rollen als Fotograf, Protokollant der Aufnahmesituation und Kameraeinstellung
- Vergleich der Aufnahmen in parallel geöffneten Fenstern im Bildverarbeitungsprogramm
- Bei Programmkenntnissen in InDesign oder Scribus können die Arbeitsblätter von den Lernenden auch komplett digital erstellt und anschließend ausgedruckt werden.
- Besprechung und Präsentation ausgewählter Beispiele im Plenum

 Vertiefung

- Weitere Motivprogramme
- Eigene Einstellungen für unterschiedliche Aufnahmesituationen
- Vergleich derselben Motivprogramme bei verschiedenen Digitalkameras

B11 – Bilder fotografieren und gestalten

Digitalkamera kennenlernen

Aufgabe 1
Mit welcher Kamera arbeiten Sie? Notieren Sie die Kamerabezeichnung und die wichtigsten Kenngrößen.

Olympus VG-160 (Kompaktkamera) *Autofokus*
Bildsensor: *Brennweite: 4,7 - 23,5 mm*
14 Megapixel *Blende: 2.8 - 6.5*
1/2,3" CCD-Sensor *Bel.zeit: 1/2 - 1/2000 s / < 4 s*
Objektiv: *Monitor:*
5x Optisches Zoom (Weitwinkel) *7,6 cm / 3.0" TFT*

Aufgabe 2
Welche Aufnahmemodi/Motivprogramme hat Ihre Digitalkamera?

14 Motivprogramme:
Porträt, Landschaft, Nachtaufnahme, Nachtaufnahme mit Porträt, Sport, Innenaufnahme, Kerzenlicht, Selbstporträt, Sonnenuntergang, Feuerwerk, Speisen, Dokumente, Strand und Schnee, Tiere

Aufgabe 3
Wählen Sie zwei Motivprogramme aus. Fotografieren Sie mehrere Motive direkt nacheinander mit den beiden Motivprogrammeinstellungen. Vergleichen Sie die beiden Aufnahmen am Monitor hinsichtlich Schärfentiefe und Belichtung. Notieren Sie Ihre Beobachtungen.

Motivprogramm Portrait:
Geringe Schärfentiefe, kurze Belichtungszeit durch die große Blendenöffnung, lange Brennweite, Hintergrund unscharf

Motivprogramm Landschaft:
Große Schärfentiefe, lange Belichtungszeit durch die kleine Blendenöffnung, kurze Brennweite, vollständiger Schärfebereich

Böhringer, Bühler, Schlaich: Printmedien gestalten und digital produzieren, H+J 6078   B11 – Ü1

Basics – Lehrerband

 Ü2 Bilder analysieren und gestalten • S. 107

- Übungsdateien ⊙ B11_Bilder_fotografieren_und_gestalten
- Kopiervorlage auf Seite B11 – Ü2 oder ⊙ b11_ue2_bildformate_und_bildausschnitte.pdf
- Beamer und Visualizer zur Besprechung im Plenum
- Computerarbeitsplätze mit Photoshop oder GIMP, ggf. InDesign oder Scribus
- Farbdrucker
- Scheren zum Ausschneiden und Klebstoff zum Aufkleben der Ausdrucke auf dem Arbeitsblatt

 Methodisch-didaktische Hinweise

- Dauer mit Besprechung ca. 60 min
- Einzel- oder Partnerarbeit, Besprechung im Plenum
- Bei der Besprechung werden die Gründe für die Wahl eines bestimmten Bildausschnitts ausführlich dargestellt und beprochen.
- Bei Programmkenntnissen in InDesign oder Scribus können die Arbeitsblätter von den Lernenden auch komplett digital erstellt und anschließend ausgedruckt werden.

 Vertiefung

- Variation der Bildausschnitte mit demselben Motiv.
- Erarbeitung einer Checkliste zur Bildanalyse und -bewertung.
- Fotografische Umsetzung

B11 – Bilder fotografieren und gestalten

Bildformate und Bildausschnitte

Aufgabe 1
Quadratisches Format
Die Spannung erfolgt alleine durch die Positionierung des Motivs im Format. Das Format gibt keine Richtung oder Gewichtung vor. Wo liegt das Hauptmotiv?
Stellen Sie die Bildausschnitte auf dem Arbeitsblatt zusammen.

Aufgabe 2
Hoch- oder Querformat
Wählen Sie extreme Quer- und Hochformate. Unterstützen Sie mit der Formatlage die Motivwirkung.
Stellen Sie die Bildausschnitte auf dem Arbeitsblatt zusammen.

Böhringer, Bühler, Schlaich: Printmedien gestalten und digital produzieren, H+J 6078

B11 – Ü2

B12 Medienrechte

 Ü1 Quellenangaben formulieren • S. 113

- Kopiervorlagen auf Seite B012–Ü1 oder ⊙ b12_ue1_medienrecht1.pdf, b12_ue1_medienrecht2.pdf
- OH-Projektor oder Visualizer und Beamer zur Besprechung im Plenum
- Wenn Computer vorhanden sind, kann die Übung auch digital (PDF-Formular) durchgeführt und im Plenum am Beamer besprochen werden.

 Methodisch-didaktische Hinweise

- Dauer mit Besprechung) je nach Ausprägung 15 min bis 45 min.
- Einzelarbeit, Besprechung im Plenum
- Diese Übung sollte vor der Erstellung einer Seminararbeit durchgeführt werden. Dabei ist genau darauf zu achten, dass die richtige Zitierweise von jedem Lernenden korrekt durchgeführt wird.
- Korrekte Quellenangaben müssen fächerübergreifend immer Bewertungskriterien bei Haus- oder Seminararbeiten sein.

 Vertiefung

- Die Bedeutung des Medienrecht ist den Lernenden zumeist nicht vertraut. Daher sind eine Reihe von Aspekten des Medienrechts in entsprechenden Lernsituationen immer wieder anzusprechen und zu vertiefen.
- Dazu gehören:
    - Bildrecht
    - Wortrecht
    - Urheberrecht
    - Plagiatsproblematik
    - Der Begriff der „Person der Zeitgeschichte" im Zusammenhang mit dem Medienrecht
    - Impressum und Anbieterkennzeichnung.
- Medienrechtliche Aspekte lassen sich bei nahezu jeder Aufgabe in diesem Lehrbuch aufgreifen. Hinterfragen Sie bei der Verwendung eigener Bilder, Logos und Grafiken immer die Herkunft und die rechtliche Situation bei den verwendeten Abbildungen.
- Lassen Sie die Lernenden bei größeren Arbeiten ein Verzeichnis über die verwendeten „fremden" Medien führen. Dies erleichtert den Herkunftsnachweis und hilft bei den Quellenangaben.
- Hilfreich ist es, wenn die Lernenden eine Doppelseite mit vollständigen Quellenangaben mit Hilfe eines Textverarbeitungs- oder Layoutprogramms setzen müssen. Diese praktische satztechnische Tätigkeit verfestigt die Technik der Quellenangaben.
- Die Ausdrucke der Doppelseiten erleichtern den Lehrenden die Kontrolle der Quellenangaben, da diese schnell überprüft werden können.

B12 – Medienrechte beachten

B13 Dokumente speichern

Ü1 Backupsystem einrichten • S. 117

- Kopiervorlage auf Seite B13–Ü1 oder ⊙ b13_ue1_backup1.pdf, b13_ue1_backup2.pdf
- OH-Projektor oder Visualizer zur Besprechung im Plenum
- Wenn Computer vorhanden sind, kann die Übung auch digital (PDF-Formular) durchgeführt und im Plenum am Beamer besprochen werden.

Methodisch-didaktische Hinweise

- Dauer mit Besprechung ca. 45 min
- Einzel- oder Partnerarbeit, Besprechung im Plenum
- Diese Arbeitsvorgaben eignen sich sehr gut, um theoretisch in das Thema Datensicherung einzuführen und die Notwendigkeit der Datensicherung zu verdeutlichen.
- Häufig haben Lernende mit Datenverlusten bereits Erfahrungen gemacht. Daher ist der Einstieg in dieses Thema zumeist durch Berichte der betroffenen Lernenden geprägt. Beim Verlust wichtiger Daten wissen Lernende, wie aufwändig eine Datenrettung im Einzelfall sein kann.
- Im Zusammenhang mit der Datensicherung muss das Thema der Dateiformate angesprochen werden. Programmformate und Austauschformate sind im Zusammenhang mit der Datensicherung anzusprechen.
- Eine permanente Vertiefung findet dieses Thema im Computerunterricht. Lassen Sie die Lernenden aufschreiben, wo und mit welchem Dateinamen sie ihre Daten auf den Schulrechnern abgelegt haben.

Vertiefung

- Datenübertragungsraten spielen bei Backup-Systemen eine wichtige Rolle. Die maximalen Datenübertragungsraten betragen bei:
    - USB 1.0: 12 Mbps (Megabit pro Sekunde)
    - USB 1.1: 12 Mbps
    - USB 2.0: 480 Mbps
    - USB 3.0: 4.8 Gbps (Gigabit pro Sekunde)
- Als Backup-System verwendete USB-Festplatten sollten eine USB 3.0 Schnittstelle nutzen, da die Datensicherung deutlich schneller erstellt wird. Neue PCs und Laptops verfügen normalerweise über eine USB 3.0 Schnittstelle.
- Die inkrementelle Datensicherung (auch inkrementelles Backup) wird als Zuwachssicherung bezeichnet, d.h. bei jedem neuen inkrementellen Backup werden nur die Daten gesichert, die sich seit der letzten Sicherung verändert haben.
- Bei einer Vollsicherung immer der gesamte Datenbestand komplett gesichert. Daher ist hier der Speicherplatzbedarf deutlich größer und der Zeitaufwand für die Datensicherung höher als beim inkrementellen Backup.

B13 – Dokumente speichern

Dokumente speichern

Backupsystem einrichten

- Beschreiben Sie, wie Ihre persönliche Datensicherung durchgeführt wird.
- Wie führen Sie bei einem Verlust Ihrer Daten eine Datenwiederherstellung durch?

Meine persönliche Datensicherung:	Mögliche Antworten: Ich erstelle eine Sicherungskopie auf einem externen Datenträger. oder Ich habe keine Datensicherung auf meinem PC und hoffe, dass nichts passiert. Denn Datensicherung ist etwas für Feiglinge! oder Ich führe ab und zu eine Datensicherung durch, aber nur, wenn mir etwas wichtig erscheint. oder Ich kopiere alle paar Monate meine Festplatte auf einen externen Datenträger. Immer dann, wenn es mir gerade einfällt.
Wie führe ich meine Datenwiederherstellung durch:	Mögliche Antwort: Eine Datenwiederherstellung sollte bei mir möglich sein, wenn meine Festplatte oder mein PC defekte ist, ein Systemfehler auftritt oder Viren meine Daten beschädigt haben. Ich werde in diesem Fall zu einem Händler gehen, der mir eine Wiederherstellung meiner Daten unter Zuhilfenahme entsprechender Software rettet. Wenn das nicht klappt könnte es sein, dass meine Daten unwiderruflich verloren sind. Das wäre Mist...!

B13 – Ü1

Dokumente speichern

Backupsystem einrichten

...ich ein System der doppelten Datensicherung, das Sie während ...zeit langfristig und kostengünstig einrichten und nutzen können. ...Ihr Backupsystem die in der linken Spalte abgebildete Speicher- ...reiben Sie dazu einen geplanten Backup-Vorgang.

PC mit interner Festplatte

USB-Stick

Der USB-Stick ist ein kompaktes, leichtes und tragbares Speichermedium in den Größen von 4 GByte bis zu 32 GByte. Er ist ideal zum transportieren und sichern von Daten und Backup Archiven. Ein USB-Stick ist in erster Linie ein Speicher zur Datenübertragung und nicht unbedingt zur täglichen Datensicherung geeignet. Daher sollte eine Datensicherung auf USB-Stick nur in Verbindung mit einem Backup auf ein zweites Medium (z. B. eine Festplatte) verwendet werden.

PC mit interner Festplatte

Externe Festplatte

Eine regelmäßiges Backup von größeren Datenmengen wird mit Hilfe von externen USB-Festplatten durchgeführt. Verfügbare Festplatten dafür sind robust, unproblematisch und leicht in der Anwendung. Für größere Datenmengen spielt die Datenübertragungsrate eine Rolle und ist bei der Auswahl zu berücksichtigen. Es empfiehlt sich daher eine USB 3.0-Festplatte zu verwenden.
Erfolgt die Datensicherung auf eine externe Festplatte zu Hause, kann der USB-Stick zur täglichen Backupübertragung der Daten verwendet werden!

B13 – Ü2

B14 PDF erstellen

 Ü1 Verfahren der PDF-Erstellung vergleichen • S. 125

- Kopiervorlage auf Seite B14 – Ü1 oder ⊙ b14_ue1_PDF-Erstellung vergleichen.pdf
- Beamer und Visualizer zur Besprechung im Plenum
- Eigene Dateien zur Konvertierung in PDF
- Computerarbeitsplätze mit Photoshop oder GIMP, InDesign oder Scribus, Illustrator oder Inkscape
- Drucker

 Methodisch-didaktische Hinweise

- Dauer mit Besprechung ca. 40 min
- Einzel- oder Partnerarbeit, Besprechung im Plenum
- Bei Programmkenntnissen in InDesign oder Scribus können die Arbeitsblätter von den Lernenden auch komplett digital erstellt und anschließend ausgedruckt werden.
- Die Übung kann auch als arbeitsteilige Gruppenarbeit durchgeführt werden, bei der jede Gruppe eine andere Software bearbeitet.

 Vertiefung

- PDF-Worflow in der Printmedienproduktion
- PDF-Standards, z.B. PDF/X

B14 – PDF erstellen

PDF-Erstellung vergleichen

Aufgabe 1
Speichern oder Exportieren, welche Optionen bieten die Layout-, Bild- und Grafikverarbeitungsprogramme zur Konvertierung einer Datei in eine PDF-Datei?

Layoutprogramm: Die Datei wird als PDF-Datei exportiert.
Bildverarbeitungsprogramm: Photoshop: Die Datei wird als Photoshop PDF gespeichert; GIMP: Die Datei musss zur Konvertierung in Datei gedruckt werden.
Grafikprogramm: Die Datei wird als PDF-Datei gespeichert.

Aufgabe 2
Welche Möglichkeiten gibt es in der Software zur Anpassung der PDF-Datei an das jeweilige Ausgabemedium, z. B. für den Druck und oder zum Download im Internet?

Die Anpassung an das jeweilige Ausgabemedium, Druck oder Internet ist nur beim Export der PDF-Datei im Layoutprogramm möglich.

Aufgabe 3
Welche Sicherheitsoptionen wie Verschlüsselung und Passwortschutz bietet die jeweilige Software?

Die Programme bieten keine Möglichkeit der Verschlüsselung oder des Passwortschutzes der PDF-Datei. Für diese Optionen ist eine spezielle Software wie z. B. Adobe Acrobat notwendig.

Böhringer, Bühler, Schlaich: Printmedien gestalten und digital produzieren, H+J 6078

B14 – Ü1

Basics – Lehrerband

B15 Papier auswählen

 Ü1 Papier unterscheiden und anwendungsbezogen auswählen • S. 131

- Kopiervorlage auf Seite B15 – Ü1 oder ⊙ b15_ue1_Papier vergleichen.pdf
- Beamer und Visualizer oder Overhead-Projektor zur Besprechung im Plenum
- Computerarbeitsplätze mit Photoshop oder GIMP, InDesign oder Scribus, Illustrator oder Inkscape
- Drucker, ggf. OH-Folie
- Druckerzeugnisse als Anschauungsmaterial

 Methodisch-didaktische Hinweise

- Dauer mit Besprechung ca. 30 min
- Einzel- oder Partnerarbeit, Besprechung im Plenum
- Bei Programmkenntnissen in InDesign oder Scribus können die Arbeitsblätter von den Lernenden auch komplett digital erstellt und anschließend ausgedruckt werden.
- Die Übung kann auch als arbeitsteilige Gruppenarbeit durchgeführt werden.

 Vertiefung

- Druckversuche mit unterschiedlichen für Ihren Drucker geeigneten Papiersorten durch und Vergleich der Ergebnisse hinsichtlich der Verwendbarkeit für bestimmte Druckprodukte.
- Web-Recherchen bei Papierfabriken bzw. Großhändlern über Sortiment und Qualitäten.

B15 – Papier auswählen

Papier vergleichen

Aufgabe 1
Nennen Sie fünf technische Parameter zur Beschreibung der Papierqualität hinsichtlich der Stoffzusammensetzung und der Oberflächenbeschaffenheit.

holzfrei, holzhaltig, gestrichen, ungestrichen, satiniert

Aufgabe 2
Erläutern Sie den Fachbegriff Grammatur.

Die Grammatur beschreibt die flächenbezogene Masse eines Papiers bzw. das Papiergewicht in g/m^2.

Aufgabe 3
Definieren Sie die Anforderungen an das jeweilige Druckpapier für die folgenden Druckprodukte: Zeitung, Taschenbuch, Plakat in der Außenwerbung, Flyer und Visitenkarte.

Druckprodukt	
Zeitung	*holzhaltig oder Recyclingpapier, ungestrichen, 60 g/m^2*
Taschenbuch	*holzfrei, ungestrichen, 80 g/m^2*
Plakat in der Außenwerbung	*holzfrei, nassfest, ungestrichen, 110 bis 120 g/m^2*
Flyer	*holzfrei oder holzhaltig, ungestrichen, 80 g/m^2, Schmalbahn*
Visitenkarte	*holzfrei, gestrichen oder ungestrichen, 200 bis 250 g/m^2*

Böhringer, Bühler, Schlaich: Printmedien gestalten und digital produzieren, H+J 6078

B15 – Ü1

B16 Dokument drucken

Ü1 Druckverfahren vergleichen und erkennen • S. 137

- Kopiervorlage auf Seite B16 – Ü1 oder ⊙ b16_ue1_druckverfahren vergleichen.pdf
- Beamer und Visualizer oder Overhead-Projektor zur Besprechung im Plenum
- Computerarbeitsplätze mit InDesign oder Scribus
- Drucker, ggf. OH-Folien
- Druckerzeugnisse als Anschauungsmaterial
- Fadenzähler oder Lupen

Methodisch-didaktische Hinweise

- Dauer mit Besprechung ca. 30 min
- Einzel- oder Partnerarbeit, Besprechung im Plenum
- Bei Programmkenntnissen in InDesign oder Scribus können die Arbeitsblätter von den Lernenden auch komplett digital erstellt und anschließend ausgedruckt werden.
- Die Übung kann auch als arbeitsteilige Gruppenarbeit durchgeführt werden.

Vertiefung

- Betrachten von unterschiedliche Druckprodukten mit einem Fadenzähler oder einer Lupe. Anhand des Druckbildes herausfinden in welchem Druckverfahren das jeweilige Produkt gedruckt wurde.

Druckverfahren vergleichen und erkennen

Aufgabe 1
Recherchieren Sie die optischen Kennzeichen des Druckbildes der Druckverfahren:

Druckverfahren	
Tintenstrahldruck	*Meist hohe Randschärfe von Text, Linien und Flächen; FM-gerasterte Bilder*
Laserdruck	*Hohe Randschärfe von Text, Linien und Flächen; FM-gerasterte Bilder*
Hochdruck	*Quetschrand an den Rändern von Text, Linien und Flächen*
Tiefdruck	*leicht gezackte Ränder von Text, Linien und Flächen (Sägezahneffekt); Bilder als echte Halbtöne*
Siebdruck	*Hohe Farbschichtdicke, leicht gezackte Ränder von Text, Linien und Flächen; meist AM-gerasterte Bilder*
Flachdruck/Offsetdruck	*Hohe Randschärfe von Text, Linien und Flächen; meist AM-gerasterte Bilder*

Aufgabe 2
Ordnen Sie folgende Druckprodukte einem Druckverfahren zu:

Druckprodukt	
Flyer	*Offsetdruck oder Digitaldruck*
Buch	*Offsetdruck*
Autoaufkleber	*Siebdruck*
Briefbogen	*Offsetdruck oder Digitaldruck*
Visitenkarte	*Offsetdruck oder Digitaldruck*
Plastiktüte	*Flexodruck*
Illustrierte	*Tiefdruck*

Böhringer, Bühler, Schlaich: Printmedien gestalten und digital produzieren, H+J 6078   B16 – Ü1

Basics – Lehrerband

 Ü2 Farbige Printmedien analysieren • S. 140

- Kopiervorlage auf Seite B16 – Ü2 oder
  ⊙ b16_ue2_printmedien_analysieren.pdf
- Beamer und Visualizer oder Overhead-Projektor zur Besprechung im Plenum
- Computerarbeitsplätze mit InDesign oder Scribus
- Drucker, ggf. OH-Folien
- Druckerzeugnisse als Anschauungsmaterial
- Fadenzähler oder Lupen

 Methodisch-didaktische Hinweise

- Dauer mit Besprechung ca. 30 min
- Einzel- oder Partnerarbeit, Besprechung im Plenum
- Bei Programmkenntnissen in InDesign oder Scribus können die Arbeitsblätter von den Lernenden auch komplett digital erstellt und anschließend ausgedruckt werden.

 Vertiefung

- Der Einsatz von CMYK und Sonderfarben im Druck; gestalterische, technische und wirtschaftliche Aspekte.

Farbige Printmedien analysieren

Aufgabe 1
Analysieren Sie verschiedene Printmedien hinsichtlich der Zahl der verwendeten Druckfarben.
(Die Anzahl der Druckfarben gilt nur für das jeweils analysierte Produkt.)

Printmedium	Zahl der verwendeten Druckfarben
Zeitung	5-farbig (CMYK und Sonderfarbe)
Buch (Roman)	Umschlag 4-farbig (CMYK), Inhalt 1-farbig (Schwarz)
Plakat	4-farbig (CMYK)
Briefbogen	2-farbig (Schwarz und Sonderfarbe)
Visitenkarte	2-farbig (Schwarz und Sonderfarbe)
Flyer	4-farbig (CMYK)
Illustrierte	4-farbig (CMYK)

Aufgabe 2
Betrachten Sie farbige Drucke mit der Lupe. Beschreiben Sie die Art der Rasterung und das Zustandekommen der Farbwirkung auf den Betrachter.

Die Rasterung im Druck erzielt eine Farbwirkung durch die Kombination der additiven und der subtraktiven Farbmischung. Übereinander gedruckte Rasterpunkte wirken wie sich überlagernde Farbfilter und mischen damit die Druckfarben subtraktiv. Außerdem sind die Rasterpunkte so klein, dass sie unterhalb des Auflösungsvermögens des menschlichen Auges liegen. Dadurch mischen sich die vom Druck remittierten Lichtfarben der nebeneinanderliegenden Rasterpunkte additiv im Auge des Betrachters. Dabei ist es nicht von Bedeutung, ob der Druck frequenz- oder amplitudenmoduliert gerastert ist.

Böhringer, Bühler, Schlaich: Printmedien gestalten und digital produzieren, H+J 6078

Ü3 Druckversuche durchführen und die Ergebnisse analysieren • S. 149

- Übungsdatei ⊙ b16_ue3_testform.pdf
- Kopiervorlage auf Seite B16 – Ü3 oder ⊙ b16_ue3_druckversuche durchführen.pdf
- Beamer und Visualizer oder Overhead-Projektor zur Besprechung im Plenum
- Arbeitstisch zum Auslegen der Druck bei der Besprechung
- Computerarbeitsplätze mit InDesign oder Scribus und Acrobat Reader
- Drucker, ggf. OH-Folien
- Fadenzähler oder Lupen

Methodisch-didaktische Hinweise

- Dauer mit Besprechung ca. 45 min
- Arbeitsteilige Gruppenarbeit, vor allem auch um die Anzahl der Drucke in vertretbarem Rahmen zu halten.
- Vor den Druckversuchen sollten die verschiedenen Parameter besprochen werden. Daraus werden die Vorgehensweise, die Anzahl der Probedrucke und die Protokollierung abgeleitet.
- Die Lösung ist von der jeweiligen Systemkonfiguration abhängig. Deshalb ist auf der rechten nur das blanko Arbeitsblatt zur Übung ohne Lösungshinweise abgebildet.
- Bei Programmkenntnissen in InDesign oder Scribus können die Arbeitsblätter von den Lernenden auch komplett digital erstellt und anschließend ausgedruckt werden.

Vertiefung

- Testdrucke mit unterschiedlichen Papieren. Vergleich der Druckergebnisse. Optimieren der Druckeinstellungen.

Druckversuche durchführen und die Ergebnisse analysieren

Aufgabe
Drucken Sie ein Dokument mehrmals. Variieren Sie die Einstellungen im Druckdialog und protokollieren Sie die jeweiligen Einstellungen.
Finden Sie die Einstellungen, die ein optimales Druckergebnis ergeben.

Optimale Druckeinstellungen:

Böhringer, Bühler, Schlaich: Printmedien gestalten und digital produzieren, H+J 6078

B16 – Ü3

Toolkits

T01 Layout und Satz

 Ü1 Visitenkartendokument mit Layoutprogramm erstellen • S. 160

- Kopiervorlage auf Seite T01 – Ü1 oder ⊙ t01_ue1_visitenkartendokument_anlegen.pdf
- Beamer und Visualizer oder Overhead-Projektor zur Besprechung im Plenum
- Computerarbeitsplätze mit InDesign oder Scribus

 Methodisch-didaktische Hinweise

- Dauer mit Besprechung und Lernzielkontrolle ca. 20 min
- Einzelarbeit, Besprechung im Plenum
- Bei der Neuanlage von Dokumenten schleicht sich sehr schnell eine gewisse Routine ein, die dazu führt, dass nicht mehr alle Menüpunkte zur Dokumentenanlage konzentriert abgearbeitet werden. Daher ist den Lernenden diese Notwendigkeit am Beispiel der Visitenkarte sehr gut zu verdeutlichen. Hier hat das Setzen bzw. das Weglassen einer Einstellungsvorgabe sofort deutliche Folgen in der Art der Dokumentenanlage und der weiteren Verarbeitung.
- Die Einstellungen beim Anlegen eines Dokumentes sind für den gesamten Workflowprozess bestimmend.
- Sinnvoll ist eine gemeinsame Besprechung der Übung 1 und Übung 2, da die Unterschiede in der Dateianlage sehr deutlich zu erkennen sind.

 Vertiefung

- Vertiefen Sie diese Übungsaufgabe, indem Sie die Aufgabe „P01 Visitenkarte" (S. 252) im Anschluss an diese Übung durchführen. Dann können die Lernenden die Aufgabe gleich praxisgerecht weiterentwickeln.
- Mögliche Hausaufgabe: Übung mit eigenen Visitenkarten zu Hause am eigenen PC üben und vertiefen.

Visitenkartendokument erstellen

Visitenkartendokument anlegen

Tragen Sie die korrekten Maße neben die untenstehende Visitenkarte ein. Scribbeln Sie eine Visitenkarte für Ihren Eigenbedarf in das freie Feld.

Max Mustermann
Musterstraße 11
12345 Musterstadt

Fon: 01234-56789
Fax: 01234-0987

Mail: mustermann@gmx.de

Visitenkartenformat

Breite: *85 mm*

Höhe: *55 mm*

Erstellen Sie eine Übersicht aller Angaben, die für das Anlegen einer Visitenkartendatei in einem Layoutprogramm erforderlich sind.

Angabe	Werte/Maße
Seitenzahl	1
Doppelseite	Nein
Startseitennummer	1
Seitenformat	Benutzerdefiniert
Ausrichtung	Querformat
Seitenformat	85 x 55 mm
Spaltenanzahl	1
Spaltenabstand	keine Angabe
Stege	oben/unten: je 2,5 mm
	links/rechts: je 2,5 mm

Böhringer, Bühler, Schlaich: Printmedien gestalten und digital produzieren, H + J 6078   T01 – Ü1

Toolkits – Lehrerband

 Ü2 Buchdokument mit Layoutprogramm erstellen • S. 160

- Kopiervorlage auf Seite T01 – Ü2 oder
  ⊙ t01_ue2_buchdokument_anlegen.pdf
- Beamer und Visualizer oder Overhead-Projektor zur Besprechung im Plenum
- Computerarbeitsplätze mit InDesign oder Scribus

 Methodisch-didaktische Hinweise

- Dauer mit Besprechung und Lernzielkontrolle ca. 20 min
- Einzelarbeit, Besprechung im Plenum
- Bei der Neuanlage von Dokumenten schleicht sich sehr schnell eine gewisse Routine ein, die dazu führt, dass nicht mehr alle Menüpunkte zur Dokumentenanlage konzentriert abgearbeitet werden. Daher ist den Lernenden diese Notwendigkeit am Beispiel der Anlage einer Buchdatei sehr gut zu verdeutlichen. Hier hat das Setzen bzw. das Weglassen einer Einstellungsvorgabe sofort deutliche Folgen in der Art der Dokumentenanlage und damit der weiteren Verarbeitung.
- Die Erkenntnis, dass die Einstellungen beim Anlegen eines Dokumentes für den gesamten Workflowprozess bestimmend sind sollten früh gelegt werden.
- Sinnvoll ist eine gemeinsame Besprechung der Übung 1 und Übung 2, da die Unterschiede in der Dateianlage sehr deutlich zu erkennen sind.

Vertiefung

- Sie können diese Übungsaufgabe auch vor der Umsetzung der Aufgabe in Kapitel P08 „Sechsseitiger Flyer" (S. 314), P09 „Schulzeitung" (S. 324) oder P12 „Dokumentation" (S. 354) durchführen.
- Mögliche Hausaufgabe: Übung mit eigenen buchähnlichen Projekten wie Hausarbeiten, Referate oder Vortrags-Handouts zu Hause am eigenen PC üben und vertiefen.

T01 – Layout und Satz

Buchdokument erstellen

Buchdokument anlegen

Tragen Sie die korrekten Maße für das Buchformat neben die untenstehende Skizze ein. Skizzieren Sie die Seitenaufteilung als Überblick in die Skizze ein.

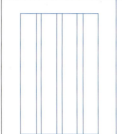 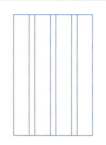

Buchformat

Breite: *190 mm*

Höhe: *260 mm*

Erstellen Sie eine Übersicht aller Angaben, die für das Anlegen eines 10-seitigen Buches in einem Layoutprogramm erforderlich sind. Die Buchvorgaben finden Sie im Kapitel T01- 2 „Dokument anlegen" (S. 156).

Angabe	**Werte/Maße**
Seitenzahl	*10*
Doppelseite	*Ja*
Startseitennummer	*1*
Seitenformat	*Benutzerdefiniert*
Ausrichtung	*Hochformat*
Seitenformat	*190 mm x 260 mm*
Spaltenanzahl	*4*
Spaltenabstand	*5 mm*
Stege	*oben/unten: 24 mm/35 mm*
	links/rechts: 20 mm/18 mm

Böhringer, Bühler, Schlaich: Printmedien gestalten und digital produzieren, H+J 6078   **T01 – Ü2**

Toolkits – Lehrerband

 Ü3 Arbeitsoberfläche und Werkzeuge kennen • S. 165

- Kopiervorlage auf Seite T01 – Ü3-1 bzw. T01 – Ü3-2 oder ⊙ t01_ue3_1_menue_indesign.pdf bzw. t01_ue3_2_menue_scribus.pdf
- Beamer zur Besprechung im Plenum
- Computerarbeitsplätze mit InDesign oder Scribus

 Methodisch-didaktische Hinweise

- Dauer mit Besprechung und Lernzielkontrolle ca. 20 min
- Einzelarbeit, Besprechung im Plenum
- Bei der selbständigen Bearbeitung von Dokumenten sind grundlegende Programmkenntnisse unverzichtbar.
- Die Darstellung von Werkzeugen oder sonstigen Arbeitsmitteln ist mit Hilfe von Bildschirmfotos (Screenshots) relativ einfach durchzuführen. Die vorliegende Übung soll die Anregung geben, dass wichtige Programmvorgaben, Befehle oder Einstellungen mit Hilfe von Screenshots zu dokumentieren sind.
- Dokumentationen mit Screenshots sind typische Aufgabenstellungen für die Einzelarbeit von Lernenden, da problemlos individuelle Merkhilfen erstellt werden können.

 Vertiefung

Screenshots sind vielen Lernenden aus Abbildungen bekannt. Wie diese Screenshots erstellt werden ist oftmals nicht geläufig. Daher kurz die wichtigsten Befehle:

- Screenshot am Windows-PC: Mit der Taste "Druck" oder "PrtScr" in der oberen Reihe rechts auf der Tastatur wird der Screenshot in der Windows Zwischenablage gespeichert. Von dort muss das Bild dann in ein Bildbearbeitungsprogramm eingefügt und gespeichert werden.
- Screenshot am Apple-PC: Drücken Sie Steuertaste (cmd) - Umschalttaste (Shift) und 4 (die Zahl vier). Dann wird ein Fadenkreuz mit Koordinaten angezeigt. Man kann dann mit dem Fadenkreuz (Maus - Linke Taste) ein Rechteck aufziehen. Beim Loslassen der linken Maustaste wird ein Screenshot erzeugt (mit Klick-Geräusch). Dieser wird als PNG auf dem Desktop als Bildschirmfoto mit Datum und Uhrzeit gespeichert und kann von einem Bildbearbeitungsprogramm bearbeitet werden.

T01 – Layout und Satz

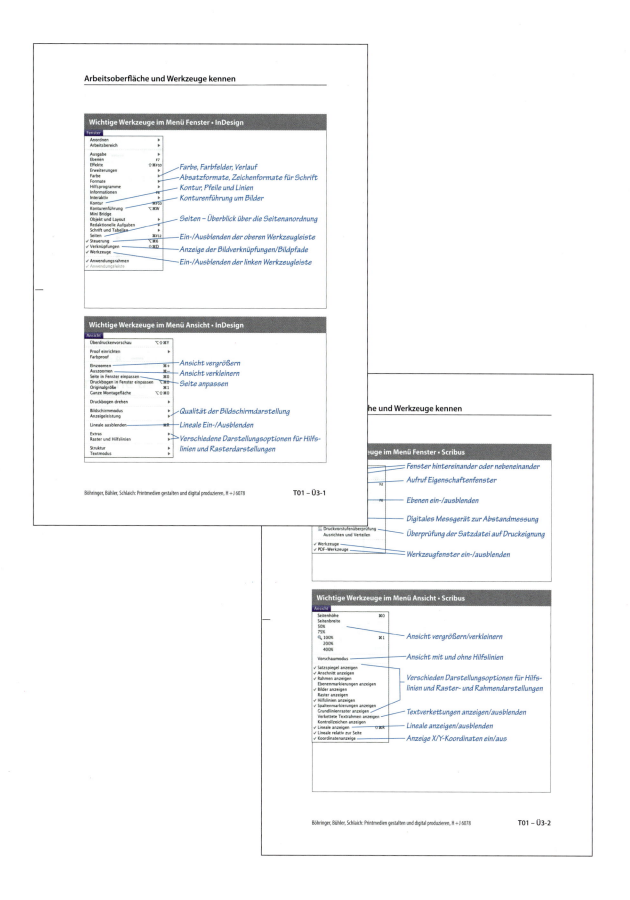

95

Toolkits – Lehrerband

 Ü4 Texte eingeben und formatieren • S. 169

- Übungsdatei ⊙ t01_ue4_textvorlage.txt (Die Textdatei ist in unterschiedlichen Dateiformaten vorhanden.)
- Keine Kopiervorlage, da die Aufgabe vom Lernenden vollständig am Rechner zu erstellen ist
- Beamer zur Besprechung im Plenum
- Computerarbeitsplätze mit InDesign oder Scribus

 Methodisch-didaktische Hinweise

- Dauer mit Besprechung und Lernzielkontrolle ca. 45 min
- Einzelarbeit, Besprechung im Plenum
- Die Erstellung von Schrift- und Absatzformatierungen gehört zu den Grundtechniken der Arbeit mit Layoutprogrammen. Daher müssen die dazu notwendigen Arbeitsabläufe systematisch geübt werden.
- Verwenden Sie bei Bedarf den vorgegebenen Text. Vorgesehen ist für diese Übung, dass die Lernenden den Text als Teil der Aufgabe selbst schreiben. Geben Sie dazu die Textvorlage als gedrucktes Manuskript aus.
- Die Formatierungsschritte müssen erfahrungsgemäß mehrmals in einer Schritt-für-Schritt-Demonstration vorgeführt werden. Lassen Sie die Lernenden diese Schritte protokollieren.

 Vertiefung

- Geben Sie bei jedem Arbeitsauftrag an die Lernenden die Vorgabe aus, dass die verwendeten Texte immer mit Schrift- und Absatzformatierungen bearbeitet werden müssen.
- Professionell angelegte Dateien weisen immer Formatierungen für die Textverarbeitung auf, da damit ein sicherer Umgang mit Texten gewährleistet ist.

T01 – Layout und Satz

Texte eingeben und formatieren

Textformatierung: Absatzformate für Headline und Grundtext anlegen

Headline: Tahoma 13 pt Bold, linksbündig
Grundtext: 11 pt Regular, Blocksatz

Jugendstil

Um die Jahrhundertwende versucht der Jugendstil, mit einer organischen Formensprache den Historismus zu überwinden. Er bleibt zumeist dem Kunsthandwerk nahestehend und beschäftigt sich selten mit der industriellen Fertigung und technischen Erfindungen.

Headline: Times_14 pt Bold, linksbündig
Grundtext: Times_12 pt Italic, linksbündig

Jugendstil

Um die Jahrhundertwende versucht der Jugendstil, mit einer organischen Formensprache den Historismus zu überwinden. Er bleibt zumeist dem Kunsthandwerk nahestehend und beschäftigt sich selten mit der industriellen Fertigung und technischen Erfindungen.

Headline: Arial_11 pt Bold kursiv, Mittelachse
Grundtext: Arial_9 pt Regular, Mittelachse

Jugendstil

Um die Jahrhundertwende versucht der Jugendstil, mit einer organischen Formensprache den Historismus zu überwinden. Er bleibt zumeist dem Kunsthandwerk nahestehend und beschäftigt sich selten mit der industriellen Fertigung und technischen Erfindungen.
Die Ursprünge der Architektur des Modernisme (spanischer Ausdruck für den Jugendstil) liegen 1871 in Barcelona. Erinnert an den Sezessionsstil österreichischer Architekten. Einflüsse islamischer Kunst und Übernahmen aus der mittelalterlichen Baukunst sind typisch.

Headline: Myriad Pro_12 pt Bold, linksbündig
Grundtext: Myriad Pro_10 pt Regular, linksbündig

Jugendstil

Um die Jahrhundertwende versucht der Jugendstil, mit einer organischen Formensprache den Historismus zu überwinden. Er bleibt zumeist dem Kunsthandwerk nahestehend und beschäftigt sich selten mit der industriellen Fertigung und technischen Erfindungen.

Böhringer, Bühler, Schlaich: Printmedien gestalten und digital produzieren, H +J 6078   **T01 – Ü4**

Toolkits – Lehrerband

 Ü5 Texte importieren und formatieren • S. 169

- Übungsdatei ⊙ t01_ue5_textvorlage.txt (Die Textdatei ist in unterschiedlichen Dateiformaten vorhanden)
- Keine Kopiervorlage, da die Aufgabe vom Lernenden vollständig am Rechner zu erstellen ist
- Beamer zur Besprechung im Plenum
- Computerarbeitsplätze mit InDesign oder Scribus

 Methodisch-didaktische Hinweise

- Dauer mit Besprechung und Lernzielkontrolle ca. 45 min
- Einzelarbeit, Besprechung im Plenum
- Der Import von Textdateien aus den verschiedenen Textquellen gehört zur Standardtätigkeit in der Medienproduktion.
- Der Datenimport muss oft getestet und vor größeren Arbeiten mit den Textverfassern abgesprochen werden, damit diese das richtige Dateiformat für den Import von Textdaten in ein Layoutprogramm verwenden. Für den reibungslosen Datenimport spielen Textverarbeitungsprogramme, deren Version und das verwendete Betriebssystem eine große Rolle. Wenn ein Datenimport nicht sofort klappt, verwenden die Lernenden eine andere Formatierung.
- Lassen Sie die Lernenden entsprechend der Abbildung rechts die Formatierungen auf einer Seite zusammenfassen und das Ergebnis ausdrucken. Dabei sind die Import- und Formatierungsangaben in Farbe zu stellen, der formatierte Text ist schwarz.
- Stellen Sie den Lernenden für diese Textimporte möglichste viele Textdateien mit unterschiedlichen Formatierungen zur Verfügung.

 Vertiefung

- Scribus kann Textdateien aus dem professionellen Textverarbeitungsbereich oft nicht korrekt importieren. Hier hilft meistens das Textverarbeitungsprogramm Writer, das eine Vielzahl von Textformatierungen und Textkonvertierungen vornehmen kann. Dieses Programm nutzen aus diesem Grund viele Medienbetriebe für Textkonvertierungen.
- Lassen Sie die Lernenden eine Tabelle erstellen, aus der hervorgeht, welche Programme welche Textformatierungen importieren können.

T01 – Layout und Satz

Texte importieren und formatieren

Textimport und Textformatierung

Headline: Tahoma 13 pt Bold, linksbündig
Grundtext: 11 pt Regular, Blocksatz

Importierter Text (Format .txt)

Um die Jahrhundertwende versucht der Jugendstil, mit einer organischen Formensprache den Historismus zu überwinden. Er bleibt zumeist dem Kunsthandwerk nahestehend und beschäftigt sich selten mit der industriellen Fertigung und technischen Erfindungen.

Headline: Times_14 pt Bold, linksbündig
Grundtext: Times_12 pt Italic, linksbündig

Importierter Text (Format .docx)

Um die Jahrhundertwende versucht der Jugendstil, mit einer organischen Formensprache den Historismus zu überwinden. Er bleibt zumeist dem Kunsthandwerk nahestehend und beschäftigt sich selten mit der industriellen Fertigung und technischen Erfindungen.

Headline: Arial_11 pt Bold italic, Mittelachse
Grundtext: Arial_9 pt Regular, Mittelachse

Importierter Text (Format .doc)

Um die Jahrhundertwende versucht der Jugendstil, mit einer organischen Formensprache den Historismus zu überwinden. Er bleibt zumeist dem Kunsthandwerk nahestehend und beschäftigt sich selten mit der industriellen Fertigung und technischen Erfindungen.
Die Ursprünge der Architektur des Modernisme (spanischer Ausdruck für den Jugendstil) liegen 1871 in Barcelona. Erinnert an den Sezessionsstil österreichischer Architekten. Einflüsse islamischer Kunst und Übernahmen aus der mittelalterlichen Baukunst sind typisch.

Headline: Myriad Pro_12 pt Bold, linksbündig
Grundtext: Myriad Pro_10 pt Regular, linksbündig

Importierter Text (Format .sxw)

Um die Jahrhundertwende versucht der Jugendstil, mit einer organischen Formensprache den Historismus zu überwinden. Er bleibt zumeist dem Kunsthandwerk nahestehend und beschäftigt sich selten mit der industriellen Fertigung und technischen Erfindungen.

Böhringer, Bühler, Schlaich: Printmedien gestalten und digital produzieren, H +J 6078   **T01 – Ü5**

Toolkits – Lehrerband

 Ü6 Zeichen- und Absatzformate definieren (InDesign) • S. 169

- Übungsdatei ⊙ t01_ue6_textvorlage.txt (Die Textdatei ist in unterschiedlichen Dateiformaten vorhanden)
- Keine Kopiervorlage, da die Aufgabe vom Lernenden vollständig am Rechner zu erstellen ist
- Beamer zur Besprechung im Plenum
- Computerarbeitsplätze mit InDesign oder Scribus

 Methodisch-didaktische Hinweise

- Dauer mit Besprechung und Lernzielkontrolle ca. 15 min
- Einzelarbeit, Besprechung im Plenum
- Die notwendigen Einstellungen sind den Lernenden in den entsprechenden Menüs zu demonstrieren und zu besprechen.
- Lassen Sie die Lernenden entsprechend der Abbildung rechts die Formatierungen auf einer Seite zusammenfassen und das Ergebnis ausdrucken. Dabei sind die Formatierungsangaben in Farbe zu stellen, der formatierte Text ist schwarz.

 Vertiefung

- Variationen der vorgegebnen Formate

T01 – Layout und Satz

Texte mit InDesign formatieren

Zeichen- und Absatzformate definieren (InDesign)

Headline: Tahoma 12 pt bold linksbündig, Rot
Grundtext: Arial 10 pt Italic, Blocksatz

Jugendstil

Um die Jahrhundertwende versucht der Jugendstil, mit einer organischen Formensprache den Historismus zu überwinden. Er bleibt zumeist dem Kunsthandwerk nahestehend und beschäftigt sich selten mit der industriellen Fertigung und technischen Erfindungen.
Die Ursprünge der Architektur des Modernisme (spanischer Ausdruck für den Jugendstil) liegen 1871 in Barcelona. Erinnert an den Sezessionsstil österreichischer Architekten. Einflüsse islamischer Kunst und Übernahmen aus der mittelalterlichen Baukunst sind typisch.

Headline: Arial 14 pt fett linksbündig, Rot
Grundtext: Arial 10 pt Regular, 5 mm Einzug links, Blocksatz

Jugendstil

Um die Jahrhundertwende versucht der Jugendstil, mit einer organischen Formensprache den Historismus zu überwinden. Er bleibt zumeist dem Kunsthandwerk nahestehend und beschäftigt sich selten mit der industriellen Fertigung und technischen Erfindungen.
    Die Ursprünge der Architektur des Modernisme (spanischer Ausdruck für den Jugendstil) liegen 1871 in Barcelona. Erinnert an den Sezessionsstil österreichischer Architekten. Einflüsse islamischer Kunst und Übernahmen aus der mittelalterlichen Baukunst sind typisch.

Böhringer, Bühler, Schlaich: Printmedien gestalten und digital produzieren, H + J 6078   T01 – Ü6

Toolkits – Lehrerband

 Ü7 Zeichen- und Absatzstile definieren (Scribus) • S. 175

- Übungsdatei ⊙ t01_ue7_textvorlage.txt (Die Textdatei ist in unterschiedlichen Dateiformaten vorhanden)
- Keine Kopiervorlage, da die Aufgabe vom Lernenden vollständig am Rechner zu erstellen ist
- Beamer zur Besprechung im Plenum
- Computerarbeitsplätze mit InDesign oder Scribus

 Methodisch-didaktische Hinweise

- Dauer mit Besprechung und Lernzielkontrolle 15 min
- Einzelarbeit, Besprechung im Plenum
- Vertiefende Übung zu den Zeichen- und Absatzformaten mit Textfarben. Die zu formatierenden Texte sind in der Farbe Cyan und Schwarz anzulegen.
- Weiter muss dem Grundtext ein Einzug in der ersten Zeile gegeben werden.
- Die dazu notwendigen Einstellungen sind den Lernenden in den entsprechenden Menüs zu demonstrieren und zu besprechen.
- Lassen Sie die Lernenden entsprechend der Abbildung rechts die Formatierungen auf einer Seite zusammenfassen und das Ergebnis ausdrucken. Dabei sind die Formatierungsangaben in Farbe zu stellen, der formatierte Text ist schwarz.

 Vertiefung

- Geben Sie bei jedem Arbeitsauftrag an die Lernenden die Vorgabe aus, dass die verwendeten Texte immer mit Schrift- und Absatzformatierungen bearbeitet werden müssen.
- Professionell angelegte Dateien weisen immer Formatierungen für die Textverarbeitung auf, da damit ein sicherer Umgang mit Texten gewährleistet ist.

T01 – Layout und Satz

Texte mit Scribus formatieren

Zeichen- und Absatzstile definieren (Scribus)

Headline: Tahoma 13 pt bold linksbündig, Rot
Grundtext: Arial 10 pt Italic, Blocksatz

Jugendstil

Um die Jahrhundertwende versucht der Jugendstil, mit einer organischen Formensprache den Historismus zu überwinden. Er bleibt zumeist dem Kunsthandwerk nahestehend und beschäftigt sich selten mit der industriellen Fertigung und technischen Erfindungen.
Die Ursprünge der Architektur des Modernisme (spanischer Ausdruck für den Jugendstil) liegen 1871 in Barcelona. Erinnert an den Sezessionsstil österreichischer Architekten. Einflüsse islamischer Kunst und Übernahmen aus der mittelalterlichen Baukunst sind typisch.

Headline: Arial 14 pt fett linksbündig, Rot
Grundtext: Arial 10 pt Regular, 5 mm Einzug, Blocksatz

Jugendstil

Um die Jahrhundertwende versucht der Jugendstil, mit einer organischen Formensprache den Historismus zu überwinden. Er bleibt zumeist dem Kunsthandwerk nahestehend und beschäftigt sich selten mit der industriellen Fertigung und technischen Erfindungen.
    Die Ursprünge der Architektur des Modernisme (spanischer Ausdruck für den Jugendstil) liegen 1871 in Barcelona. Erinnert an den Sezessionsstil österreichischer Architekten. Einflüsse islamischer Kunst und Übernahmen aus der mittelalterlichen Baukunst sind typisch.

Böhringer, Bühler, Schlaich: Printmedien gestalten und digital produzieren, H + J 6078

T01 – Ü7

Toolkits – Lehrerband

Ü8 Bild und Grafik importieren und bearbeiten • S. 182

- Übungsdateien ⊙ t01_ue8_bildvorlage.tif, t01_ue8_grafikvorlage.eps
- Keine Kopiervorlage, da die Aufgabe vom Lernenden vollständig am Rechner zu erstellen ist
- Beamer zur Besprechung im Plenum
- Computerarbeitsplätze mit InDesign oder Scribus
- Farbdrucker

Methodisch-didaktische Hinweise

- Dauer mit Besprechung und Lernzielkontrolle ca. 45 min
- Einzelarbeit, Besprechung im Plenum
- Die einzelnen Arbeitsschritte sind entsprechend der Aufgabenstellung zu bearbeiten. Ausgangsgröße für alle Bearbeitungen ist immer die 100 %-Darstellung. Diese ist auf dem Übungsblatt immer als Ausgangsbild abzubilden, um die Veränderungen zu verdeutlichen.
- Für jeden der verlangten Arbeitsschritte ist das Arbeitsergebnis entsprechend der rechts abgebildeten Lösung mit allen wichtigen Einstellungen anzugeben und auszudrucken. Der jeweilige Arbeitsschritt muss von den Lernenden dokumentiert werden.
- Zur Besprechung müssen alle Ergebnisausdrucke vorliegen.

Vertiefung

In den Layoutprogrammen ist eine leichte Bild- und Grafiknachbearbeitung möglich. Dies bezieht sich auf bestimmte Effekte wie Schlagschatten, weiche Kanten oder die Verwendung von Pfaden. Diese Funktionen können Sie durch gute Lernende problemlos mit der Hilfedatei in den jeweiligen Programmen erarbeiten lassen. Durch Kurzreferate zu diesen Bildbearbeitungsmöglichkeiten werden alle Lernende über diese Funktionen informiert.

T01 – Layout und Satz

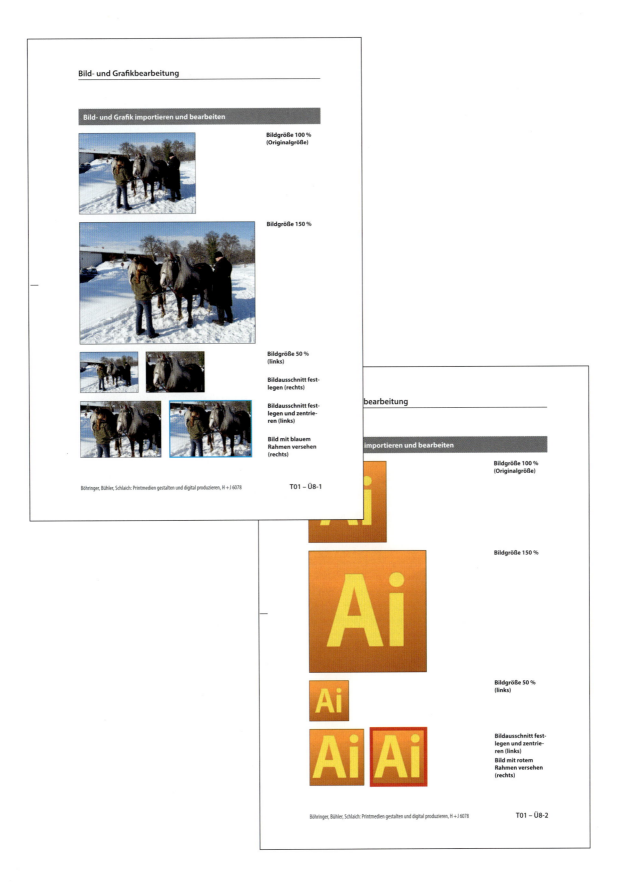

Toolkits – Lehrerband

 Ü9 Texte, Kontur und Fläche nach Vorgaben in Farbe stellen • S. 185

- Keine Kopiervorlage, da die Aufgabe vom Lernenden vollständig am Rechner zu erstellen ist
- Beamer zur Besprechung im Plenum
- Computerarbeitsplätze mit InDesign oder Scribus
- Farbdrucker

 Methodisch-didaktische Hinweise

- Dauer mit Besprechung und Lernzielkontrolle ca. 20 min
- Einzelarbeit, Besprechung im Plenum
- In der Aufgabenstellung ist eine Aufgabe für die Einfärbung von Text, Kontur und Fläche vorgegeben. Die Lernenden sollen nach dem Lösungsmuster rechts eine Datei anlegen, in welcher mindestens drei derartige Farbkontraste angelegt werden.
- Die Lernenden erstellen ein Ergebnisblatt entsprechend der rechts abgebildeten Vorgabe mit allen wichtigen Einstellungen und drucken diese zur Besprechung aus.
- Die Besprechung zum Thema „In Farbe stellen" wird von den Lernenden als Kurzpräsentation vorgetragen.

 Vertiefung

- Nutzen Sie zur Bearbeitung dieser Aufgabe das Kapitel B08 „Mit Farbe gestalten" (S. 68).
- Sie können die dort aufgeführten Farbkontraste (Bunt-unbunt-Kontrast, Kalt-warm-Kontrast, Hell-dunkel-Kontrast, Qualitäts- und Quantitätskontrast) in die Aufgabenstellung mit einbeziehen, sodass die Lernenden die genannten Farbkontraste mit Hilfe des Layoutprogramms selbst erstellen müssen. Dadurch vertieft sich das Wissen um die Farbkontraste und deren programmtechnische Herstellung.

T01 – Layout und Satz

In Farbe stellen

Text, Kontur und Fläche nach Vorgaben in Farbe stellen

Dies ist ein Blindtext zur Veranschaulichung von Farbwirkungen in einem Textrahmen. Dies ist ein Blindtext zur Veranschaulichung von Farbwirkungen in einem Textrahmen. Dies ist ein kleiner Blindtext zur Veranschaulichung von Farbwirkungen in einem Textrahmen. Dies ist ein Blindtext zur Veranschaulichung von Farbwirkungen in einem Textrahmen. Dies ist ein Blindtext zur Veranschaulichung von Farbwirkungen in einem Textrahmen. Dies ist ein kurzer Blindtext zur Veranschaulichung von Farbwirkungen.

Kontur: Grün 100 %
Konturstärke: 2 pt
Fläche: Gelb 50 %
Text: Blau 100 %
Schriftschnitt: Regular

Dies ist ein Blindtext zur Veranschaulichung von Farbwirkungen in einem Textrahmen. Dies ist ein Blindtext zur Veranschaulichung von Farbwirkungen in einem Textrahmen. Dies ist ein kleiner Blindtext zur Veranschaulichung von Farbwirkungen in einem Textrahmen. Dies ist ein Blindtext zur Veranschaulichung von Farbwirkungen in einem Textrahmen. Dies ist ein Blindtext zur Veranschaulichung von Farbwirkungen in einem Textrahmen. Dies ist ein kurzer Blindtext.

Kontur: Grün 100 %
Konturstärke: 4 pt
Fläche: Gelb 100 %
Text: Blau 100 %
Schriftschnitt: bold

Dies ist ein Blindtext zur Veranschaulichung von Farbwirkungen in einem Textrahmen. Dies ist ein Blindtext zur Veranschaulichung von Farbwirkungen in einem Textrahmen. Dies ist ein kleiner Blindtext zur Veranschaulichung von Farbwirkungen in einem Textrahmen. Dies ist ein Blindtext zur Veranschaulichung von Farbwirkungen in einem Textrahmen. Dies ist ein Blindtext zur Veranschaulichung von Farbwirkungen in einem Textrahmen. Dies ist ein kurzer Blindtext zur Veranschaulichung von Farbwirkungen.

Kontur: Cyan 100 %
Konturstärke: 2 pt
Fläche:
Magenta 100 %
Text: Blau 100 %
Schriftschnitt:
Regular

Erstellen Sie weitere Textfelder mit Farbkombinationen, die eine gute Lesbarkeit bzw. die eine schlechte Lesbarkeit ergeben. Beachten Sie die Farbkontraste im Kapitel B08 „Mit Farbe gestalten" (Seite 68).

Böhringer, Bühler, Schlaich: Printmedien gestalten und digital produzieren, H + J 6078

T01 – Ü9

Toolkits – Lehrerband

 Ü10 Texte eingeben und am Grundlinienraster ausrichten • S. 191

- Übungsdatei ⊙ t01_ue04_textvorlage.txt (Die Textdatei ist in unterschiedlichen Dateiformaten vorhanden)
- Keine Kopiervorlage, da die Aufgabe vom Lernenden vollständig am Rechner zu erstellen ist
- Beamer zur Besprechung im Plenum
- Computerarbeitsplätze mit InDesign oder Scribus

 Methodisch-didaktische Hinweise

- Dauer mit Besprechung und Lernzielkontrolle ca. 45 min
- Einzelarbeit, Besprechung im Plenum
- Die Erstellung eines Grundlinienrasters, die korrekte Formatierung der Texte und die korrekte Textanwendung erfordern beim erstmaligen Demonstrieren dieses Themenkomplexes einen hohen Erklärungsaufwand und ein intensives Nacharbeiten.
- Die Lernenden erstellen ein Ergebnisblatt entsprechend der rechts abgebildeten Vorgabe mit allen wichtigen Einstellungen und drucken dieses zur Besprechung aus.

 Vertiefung

- Verlangen Sie von den Lernenden, wann immer es sinnvoll erscheint, die Anwendung des Grundlinienrasters und die Verwendung von Absatz- und Zeichenformaten.
- Vor allem bei mehrspaltigen Produkten erleichtert die Verwendung des Grundlinienrasters das Arbeiten mit den Texten. Nach mehrmaligem Üben wird dies von den Lernenden auch angewendet.
- Nutzen Siese Einstellungen vor allem bei den folgenden Aufgaben:
  - P08 „Sechsseitiger Flyer" (S. 414),
  - P09 „Schulzeitung" (S. 324),
  - P12 „Dokumentation" (S. 354).

T01 – Layout und Satz

Text am Grundlinienraster ausrichten

Texte eingeben und am Grundlinienraster ausrichten

Absatzformat Tahoma 13 pt fett, rot, erste Zeile am Grundlinienraster ausgerichtet.	Jugendstil
Absatzformat Tahoma 11 pt Regular, alle Zeilen am Grundlinienrater ausgerichtet	Um die Jahrhundertwende versucht der Jugendstil, mit einer organischen Formensprache den Historismus zu überwinden. Er bleibt zumeist dem Kunsthandwerk nahestehend und beschäftigt sich selten mit der industriellen Fertigung und technischen Erfindungen. Die Ursprünge der Architektur des Modernisme (spanischer Ausdruck für den Jugendstil) liegen 1871 in Barcelona. Erinnert an den Sezessionsstil österreichischer Architekten. Einflüsse islamischer Kunst und Übernahmen aus der mittelalterlichen Baukunst sind typisch.

Festlegungen in den Voreinstellungen des Programms:

Beginn Grundlinienraster: von oben 20 mm,

Abstand/Einteilung in den Voreinstellungen: Grundlinienraster alle 13 pt

Absatzformat Tahoma 12 pt fett, rot, erste Zeile am Grundlinienraster ausgerichtet.	Jugendstil
Absatzformat Times 12 pt Regular, alle Zeilen am Grundlinienrater ausgerichtet	Um die Jahrhundertwende versucht der Jugendstil, mit einer organischen Formensprache den Historismus zu überwinden. Er bleibt zumeist dem Kunsthandwerk nahestehend und beschäftigt sich selten mit der industriellen Fertigung und technischen Erfindungen. Die Ursprünge der Architektur des Modernisme (spanischer Ausdruck für den Jugendstil) liegen 1871 in Barcelona. Erinnert an den Sezessionsstil österreichischer Architekten. Einflüsse islamischer Kunst und Übernahmen aus der mittelalterlichen Baukunst sind typisch.

Festlegungen in den Voreinstellungen des Programms:

Beginn Grundlinienraster: von oben 20 mm,

Abstand/Einteilung in den Voreinstellungen: Grundlinienraster alle 14 pt

Böhringer, Bühler, Schlaich: Printmedien gestalten und digital produzieren, H + J 6078   T01 – Ü10

Toolkits – Lehrerband

 Ü11 Musterseiten mit dem Grundlinienraster anlegen • S. 192

- Kopiervorlage auf Seite T01 – Ü11 oder ⊙ t01_ue11_musterseite_anlegen.pdf
- Beamer und Visualizer oder Overhead-Projektor zur Besprechung im Plenum
- Computerarbeitsplätze mit InDesign oder Scribus

 Methodisch-didaktische Hinweise

- Dauer mit Besprechung und Lernzielkontrolle 45 min
- Partnerarbeit, Besprechung im Plenum
- Die Erstellung einer Musterseite, die korrekte Einstellung des Grundlinienrasters für die Texte und das Anlegen von automatischen Seitenzahlen erfordern einen hohen Erklärungsaufwand und ein intensives Nacharbeiten durch die Lehrperson.
- Die Lernenden erstellen eine Musterseite entsprechend der rechts abgebildeten Vorgaben mit allen wichtigen Einstellungen und drucken diese zur Besprechung aus.
- Bei der Präsentation müssen die Lernenden die folgenden Fragen beantworten:
  - Zweck einer Musterseite?
  - Funktion des Grundlinienrasters?
  - Warum müssen Textbeginn und Satzspiegel identisch sein?
  - Sinn der automatischen Paginierung?
  - Funktion eines Kolumnentitels?
  - Wie werden mehrere Musterseiten erstellt?

 Vertiefung

Nutzen Siese Einstellungen vor allem bei den folgenden Aufgaben:
- P08 „Sechsseitiger Flyer" (S. 414),
- P09 „Schulzeitung" (S. 324),
- P12 „Dokumentation" (S. 354).

T01 – Layout und Satz

Musterseite anlegen

Musterseiten mit Grundlinienraster anlegen

Tragen Sie die fehlenden Angaben für das Buchprojekt in den AV-Bogen ein und übertragen Sie die Angaben in das Layoutprogramm.

Seitenzahl: 10 Startseitennummer: 1	Format Breite *190 mm* Höhe *260 mm*	Doppelseite *ja* Formatlage *hoch*
Spaltenanzahl 4 Spaltenabstand 4 mm	Stege Oben *24 mm* Unten *35 mm*	Innen *20 mm* Außen *18 mm*
	Anschnitt Oben *3 mm* Unten *3 mm*	Innen *0 mm* Außen *3 mm*
Grundlinienraster	Textbeginn oben *24 mm*	Zeilenabstand (ZAB) *14 pt*
Schriftvorgaben	Headline *12 pt Arial Bold, Rot*	Subheadline *10 pt Arial Bold, Rot*
	Ausrichtung Headline *linksbündig*	Subheadline *linksbündig*
	Grundschrift: *10 pt Arial Regular*	Marginalien *8 pt Arial Regular*
	Ausrichtung Grundschrift *Blocksatz*	Marginalien *links-/rechtsbündig*
	Seitenzahl *12 pt Arial*	Position Seitenzahl *Außenkante unten*
Kopf	Kopflinie *Satzbreite*	Text Kopf *links- /rechtsbündig*
Farben	RGB *Alle Bilder RGB*	CMYK *Alle Farben CMYK*
Dateiname	*Musterseite.indd*	*Musterseite.sla*
Speicherort	*Lokaler PC*	*Backup auf Server*

Böhringer, Bühler, Schlaich: Printmedien gestalten und digital produzieren, H + J 6078

T01 – Ü11

Toolkits – Lehrerband

 Ü12 Layoutdateien für die Druckausgabe zusammenstellen • S. 193

- Kopiervorlage auf Seite T01 – Ü12 oder ⊙ t01_ue12_layoutdatei_zusammenstellen.pdf
- Beamer und Visualizer oder Overhead-Projektor zur Besprechung im Plenum
- Computerarbeitsplätze mit InDesign oder Scribus

 Methodisch-didaktische Hinweise

- Dauer mit Besprechung und Lernzielkontrolle ca. 45 min
- Partnerarbeit, Besprechung im Plenum
- Das Zusammenstellen und die Ausgabe einer fertigen Layoutdatei ist vor allem vor der Weitergabe der Daten, z. B. an Druckereien, zwingend erforderlich. Dabei helfen Checklisten, um die Vollständigkeit einer Datei zu überprüfen.
- Die Lernenden erstellen eine solche Checkliste, wie sie rechts abgebildet ist und nutzen diese zur Kontrolle ihrer erstellten Dateien.
- Zur Kontrolle gehört, dass die Lernenden ihre Dateien auf einem fremden Rechner öffnen. Fehlen Bild-, Grafikdateien oder Schriften wird dies dann angezeigt. Die beim Öffnen angezeigten Fehlermeldungen müssen von den Lernenden abgearbeitet werden.
- Erst wenn sich die erstellten Dateien ohen Fehlermeldung öffnen lassen, kann
  - die Druckausgabe erfolgen,
  - eine Druck-PDF-Datei geschrieben werden.

 Vertiefung

- Das Arbeiten mit Checklisten kann ausgeweitet werden. Hier bieten sich Checklisten für die Dateneingangskontrolle, Bildbearbeitung, Grafikbearbeitung, PDF-Erstellung und die Druckausgabe an.
- Den Lernenden wird mit derartigen Aufgabenstellung das Qualitätsmanagement für die Medienproduktion nahe gebracht und trainiert.

Layoutdatei für die Druckausgabe zusammenstellen

Checkliste zur Überprüfung der Vollständigkeit einer Layoutdatei			
Dateiname *musterseite.sla*	Erstellungsdatum *03. Oktober `13*	Ablageort *Dokumente/Ordner/Muster*	
Schriftarten	*Helvetica Regular, Bold. Italic*	Vollständig Ja Nein *X*	
	Fehlende Schriften	*Helvetica Bold*	
Bilder/Grafiken	Vollständig ja nein *X*	Fehlende *Bild_06.tif*	
	Farbräume ➤	*RGB, CMYK*	
	Volltonfarben ➤	*nein*	
	Auflösung ➤	*Bilder 300 dpi Grafik 900 dpi*	
	Farbprofile ➤	*ISO Coated v2 300 % ECI*	
	Prozessfarben ➤	*Ja, CMYK*	
	Dateiformate ➤	*.tif .eps*	
Druckermarken	Anschnitt ja nein *X* Format ja nein *X*	Passer ja nein *X* Farbkontrolle ja nein *X*	
Druckfarben	CMYK ja *X* nein	Volltonfarben ja nein *X* Prozessfarben ja *X* nein	
Bemerkungen	*Fehlende Abbildung „Bild_067.tif" wird noch bearbeitet und nachgeliefert.*		
Datei geprüft am *12. Oktober `13*	Druckfertig ja *X* nein	Weiter an: *Roller Druck* Unterschrift: *Mustermann*	

Böhringer, Bühler, Schlaich: Printmedien gestalten und digital produzieren, H+J 6078

T01 – Ü12

Toolkits – Lehrerband

 Ü13 Dateien ausgeben • S. 195

- Kopiervorlage auf Seite T01 – Ü13 oder ⊙ t01_ue13_dateien_ausgeben.pdf
- Beamer und Visualizer oder Overhead-Projektor zur Besprechung im Plenum
- Computerarbeitsplätze mit InDesign oder Scribus
- Drucker

 Methodisch-didaktische Hinweise

- Dauer mit Besprechung und Lernzielkontrolle ca. 20 min
- Partnerarbeit, Besprechung im Plenum
- Die Druckausgabe kann direkt aus der Layoutdatei erfolgen. Dann ist dem programmeigenen Druckdialog zu folgen.
- Die Druckausgabe kann mittels einer PDF-Datei erfolgen. Dann ist vor dem Druck diese als PDF-Datei zu exportieren.
- In beiden Fällen lässt sich die Ausgabe der Druckdatei für unterschiedliche Druckbedingungen mittels einer Checkliste festlegen und kontrollieren.
- Die Lernenden erstellen eine solche Checkliste, wie sie rechts abgebildet ist und nutzen diese zur Kontrolle ihrer erstellten Dateien.
- Zur Druckausgabe gehört, dass die Lernenden ihre Dateien für unterschiedliche Zwecke ausgeben. Dies können Korrekturausdrucke, Prüfdrucke oder Auflagendrucke sein. Für jede Art der Druckausgabe kann eine entsprechende Vorgabe erstellt und abgefragt werden.

 Vertiefung

- Das Arbeiten mit Checklisten kann ausgeweitet werden. Hier bieten sich Checklisten für die Dateieingangskontrolle, Bildbearbeitung, Grafikbearbeitung, PDF-Erstellung und die Druckausgabe an.
- Den Lernenden wird mit derartigen Aufgabenstellung das Qualitätsmanagement für die Medienproduktion nahe gebracht und trainiert.

T01 – Layout und Satz

Dateien ausgeben

Checkliste zur PDF-Erstellung und Dateiausgabe

Dateiname *Musterbuch.pdf*	Erstellungsdatum *28.09.2013*	Ablageort *Server/buch/autor*
Vollständige Layout-Datei	Geprüft durch *29.09.2013*	Checkliste von *Musterfrau*
PDF-Erstellung	Druckausgabequalität Verwendet für…	Desktop-Laserdruck ja *X* nein
	Kleinste Dateigröße Verwendet für…	Korrekturzwecke ja *X* nein
	PDF/X Verwendet für…	Druckerei (Offset-/Digitaldruck) ja nein *X*
	Qualitativ hochwertiger Druck. Verwendet für…	Hochwertige Prüfdrucke ja nein *X*
Marken PDF-Datei	Anschnitt ja *X* nein Format ja nein *X*	Passer ja *X* nein Farbkontrolle ja nein *X*

Checkliste zum Druck einer Datei

Dateiname *Musterbuch.pdf*	Erstellungsdatum *28.09.2013*	Korrekturausdruck ja *X* nein Kundenausdruck ja nein *X*
Allgemeine Vorgaben	Anzahl der Drucke *5* Welche Seiten *Alle*	Hochformat ja *X* nein Querformat ja nein *X*
Skalieren	Auf Seitengröße anpassen Skalieren *100* %	Seitenposition *Blattmitte* Verkleinern *nein*
Marken	Druckermarken Ja nein *X*	Farbkontrollstreifen ja nein *X*
Farbausgabe	Farbauszüge ja *X* nein Graustufen ja nein *X*	Farbprofil *nein* Farbmanagement *nein*
Druck geprüft am *18.10.2013*	Ausdrucke weiter an *Autor*	Unterschrift *Mustermann*

Böhringer, Bühler, Schlaich: Printmedien gestalten und digital produzieren, H + J 6078   T01 – Ü13

Toolkits – Lehrerband

T02 Bildbearbeitung

Ü1 Bild in unterschiedlichen Dateiformaten speichern • S. 201

- Übungsdatei ⊙ t02_ue1_raum.tif
- Kopiervorlage auf Seite T02 – Ü1 oder ⊙ t02_ue1_bilddatei_speichern.pdf
- Beamer und Visualizer oder Overhead-Projektor zur Besprechung im Plenum
- Computerarbeitsplätze mit Photoshop oder GIMP, ggf. außerdem InDesign oder Scribus
- Scheren zum Ausschneiden und Klebstoff zum Aufkleben der Ausdrucke auf dem Arbeitsblatt.
- Wenn keine Computer vorhanden sind, kann die Übung auch mit von der Lehrperson gelieferten Ausdrucken durchgeführt und im Plenum am Beamer (PDF-Formular) besprochen werden

Methodisch-didaktische Hinweise

- Dauer (ohne Besprechung) ca. 45 min
- Einzel- oder Partnerarbeit, Besprechung im Plenum
- Ausdrucke der Arbeitsergebnisse ins Arbeitsblatt einkleben.
- Bei Programmkenntnissen in InDesign oder Scribus können die Arbeitsblätter von den Lernenden auch komplett digital erstellt und anschließend ausgedruckt werden.
- Exemplarisch werden auf dem Arbeitsblatt verschiedene Optionen eingesetzt. Vertiefend können alle Einstellungsoptionen getestet und zu bewertet werden.

Vertiefung

- Worin unterscheiden sich die beiden Dateiformate JPEG und TIFF?
- Welches der beiden Dateiformate ist für die Printmedienproduktion besser geeignet?
- Welchen Einfluss haben speziell im JPEG-Format die Einstellungen beim Speichern auf die Bildqualität?

Bezogen auf die bearbeiteten Bilddateien:

- Welche Einstellungen führten zum optimalen Ergebnis?
- Sind die optimalen Einstellungen abhängig vom Bildmotiv?
- Warum haben alle sechs Dateien, wenn sie im Bildverarbeitungsprogramm geöffnet sind, dieselbe Dateigröße?

Bilddatei als JPEG und TIFF speichern

Wählen Sie hinsichtlich der Bildqualität aussagekräftige Bildausschnitte.

JPEG	Einstellungen	Dateigröße offen/geschlossen	Beurteilung
	Qualität: maximal	19,7 MB / 5,7 MB	keine sichtbaren Qualitätsverluste
	Qualität: mittel	19,7 MB / 614 KB	schwach sichtbare Qualitätsverluste
	Qualität: niedrig	19,7 MB / 299 KB	gut sichtbare Qualitätsverluste

TIFF	Einstellungen	Dateigröße offen/geschlossen	Beurteilung
	Ohne (Photoshop) oder Keine (GIMP)	19,7 MB / 20,7 MB	keine sichtbaren Qualitätsverluste
	LZW (Photoshop und GIMP)	19,7 MB / 12,5 MB	keine sichtbaren Qualitätsverluste
	ZIP (Photoshop) oder PackBits (GIMP)	19,7 MB / 13,3 MB	keine sichtbaren Qualitätsverluste

Die Dateigrößen können je nach Art des Datenträgers geringfügig variieren.

Böhringer, Bühler, Schlaich: Printmedien gestalten und digital produzieren, H+J 6078

T02 – Ü1

Toolkits – Lehrerband

Ü2 Bildgröße verändern • S. 210

- Übungsdatei ⊙ t02_ue2_pflastermalerei.tif
- Kopiervorlage auf Seite T02 – Ü2 oder
  ⊙ t02_ue2_bildgroesse_veraendern.pdf
- Beamer und Visualizer oder Overhead-Projektor zur Besprechung im Plenum
- Computerarbeitsplätze mit Photoshop oder GIMP, ggf. außerdem InDesign oder Scribus
- Scheren zum Ausschneiden und Klebstoff zum Aufkleben der Ausdrucke auf dem Arbeitsblatt
- Wenn keine Computer vorhanden sind, kann die Übung auch mit von der Lehrperson gelieferten Ausdrucken durchgeführt und im Plenum am Beamer (PDF-Formular) besprochen werden

Methodisch-didaktische Hinweise

- Dauer (ohne Besprechung) ca. 45 min
- Einzel- oder Partnerarbeit, Besprechung im Plenum, alternativ themenverschiedene Gruppenarbeit
- Ausdrucke der Arbeitsergebnisse ins Arbeitsblatt einkleben.
- Bei Programmkenntnissen in InDesign oder Scribus können die Arbeitsblätter von den Lernenden auch komplett digital erstellt und anschließend ausgedruckt werden.
- Exemplarisch werden auf dem Arbeitsblatt verschiedene Optionen eingesetzt. Vertiefend können alle Einstellungsoptionen getestet und zu bewertet werden.

Vertiefung

- In welchem Zusammenhang stehen geometrische Bildgröße, Pixelanzahl und Auflösung?
- Führen Bildgrößenänderungen immer zu Qualitätsverlust?
- Welchen Einfluss hat die Auflösung auf die Bildqualität im Druck?

Bezogen auf die bearbeiteten Bilddateien:

- Welche Einstellungen sind für die verschiedenen Arten der Bildgrößenänderung optimal?
- Sind die optimalen Einstellungen abhängig vom Bildmotiv?

T02 – Bildbearbeitung

Bildgröße verändern

Vorlage
Format: 54,25 mm x 40,7 mm
Pixelmaß: 641 px x 481 px
Pixelzahl: 308321 px
Auflösung: 300 ppi
Farbmodus: RGB
Dateigröße: 904 KB

Die Dateigrößen können je nach Art des Datenträgers geringfügig variieren.

Stellen Sie aussagekräftige Bildausschnitte mit den Einstellungswerten auf das Arbeitsblatt.

Vergrößerung bei gleichbleibender Auflösung
Skalieren Sie das Bild auf 300 %, belassen Sie die Auflösung bei 300 ppi, variieren Sie die Interpolationsoptionen.

162,8 mm x 122,2 mm
1923 px x 1443 px
7,95 MB
Pixelwiederholung (Photoshop) oder
linear (GIMP)

162,8 mm x 122,2 mm
1923 px x 1443 px
7,95 MB
bikubisch (Photoshop) oder
kubisch (GIMP)

Vergrößerung bei gleichbleibender Pixelzahl
Skalieren Sie das Bild auf 200 % und 300 %, belassen Sie die Anzahl der Pixel unverändert.

108,5 mm x 122,2 mm
681 px x 481 px
150 ppi
904 KB
Pixelwiederholung (Photoshop) oder
linear (GIMP)

162,8 mm x 122,2 mm
681 px x 481 px
100 ppi
904 KB
Pixelwiederholung (Photoshop) oder
linear (GIMP)

Verkleinerung bei gleichbleibender Auflösung
Skalieren Sie das Bild auf 75 %, belassen Sie die Auflösung bei 300 ppi, variieren Sie die Interpolationsoptionen.

40,7 mm x 30,6 mm
481 px x 361 px
300 ppi
508 KB
Pixelwiederholung (Photoshop) oder
linear (GIMP)

40,7 mm x 30,6 mm
481 px x 361 px
300 ppi
508 KB
bikubisch (Photoshop) oder
kubisch (GIMP)

Böhringer, Bühler, Schlaich: Printmedien gestalten und digital produzieren, H+J 6078

T02 – Ü2

Toolkits – Lehrerband

Ü3 Bildausschnitt rechtwinklig freistellen • S. 213

- Übungsdatei ⊙ t02_ue3_segler.tif
- Kopiervorlage auf Seite T02 – Ü3 oder
  ⊙ t02_ue3_bildausschnitt_freistellen.pdf
- Beamer und Visualizer oder Overhead-Projektor zur Besprechung im Plenum
- Computerarbeitsplätze mit Photoshop oder GIMP, ggf. außerdem InDesign oder Scribus

Methodisch-didaktische Hinweise

- Dauer (ohne Besprechung) ca. 15 min
- Einzel- oder Partnerarbeit, Besprechung im Plenum
- Ausdrucke der Arbeitsergebnisse ins Arbeitsblatt einkleben
- Bei Programmkenntnissen in InDesign oder Scribus können die Arbeitsblätter von den Lernenden auch komplett digital erstellt und anschließend ausgedruckt werden.

Vertiefung

- In welchem Zusammenhang stehen geometrische Bildgröße, Pixelanzahl und Auflösung?
- Führen Bildgrößenänderungen immer zu Qualitätsverlust?
- Welchen Einfluss hat die Auflösung auf die Bildqualität im Druck?

T02 – Bildbearbeitung

Bildausschnitt rechtwinklig freistellen

Vorlage
Format: 272,3 mm x 180,8 mm
Pixelmaß:
3216 px x 2136 px
Pixelzahl:
6.869.376 px
Auflösung: 300 ppi
Farbmodus: RGB
Dateigröße: 19,7 MB

Freistellen ohne Angabe der Zielauflösung
- Quadratisch mit 74 mm Seitenlänge,
- Auflösung keine Eingabe

Freistellen mit Angabe der Zielauflösung
- Quadratisch mit 74 mm Seitenlänge,
- Auflösung 300 ppi

74 mm x 74 mm
1322 px x 1322 px, 453,8 ppi
5 MB

74 mm x 74 mm
874 px x 874 px, 300 ppi
2,2 MB

Die Dateigrößen können je nach Art des Datenträgers geringfügig variieren.

Böhringer, Bühler, Schlaich: Printmedien gestalten und digital produzieren, H+J 6078

T02 – Ü3

Toolkits – Lehrerband

 Ü4 Bild scharfzeichnen • S. 216

- Übungsdatei ⊙ t02_ue4_fischkutter.tif
- Kopiervorlage auf Seite T02 – Ü4 oder ⊙ t02_ue4_bild_scharfzeichnen.pdf
- Beamer und Visualizer oder Overhead-Projektor zur Besprechung im Plenum
- Computerarbeitsplätze mit Photoshop oder GIMP, ggf. außerdem InDesign oder Scribus

 Methodisch-didaktische Hinweise

- Dauer (ohne Besprechung) ca. 35 min
- Einzel- oder Partnerarbeit, Besprechung im Plenum
- Ausdrucke der Arbeitsergebnisse ins Arbeitsblatt einkleben.
- Bei Programmkenntnissen in InDesign oder Scribus können die Arbeitsblätter von den Lernenden auch komplett digital erstellt und anschließend ausgedruckt werden.

 Vertiefung

- Welcher Zusammenhang besteht zwischen der Bildauflösung und den Einstellungen beim Scharfzeichnen?
- Warum bietet das Programm verschiedene Scharfzeichnungsfilter? Welche Möglichkeiten bieten diese Filter?

T02 – Bildbearbeitung

Bild scharfzeichnen

Vorlage
Format: 272,3 mm x 180,8 mm
Pixelmaß: 3216 px x 2136 px
Pixelzahl: 6.869.376 px
Auflösung: 300 ppi
Farbmodus: RGB
Dateigröße: 19,7 MB

Aufgabe 1
Experimentieren Sie mit den Einstellungen. Wählen Sie auch extreme Einstellungen um die Funktion der verschiedenen Einstellungsparameter zu verdeutlichen. Stellen Sie aussagekräftige Bildausschnitte mit den dazugehörigen Einstellungswerten auf das Arbeitsblatt.

Stärke: 500   *Stärke: 250*   *Stärke: 250*   *Stärke: 500*
Radius: 1   *Radius: 10*   *Radius: 10*   *Radius: 100*
Schwell.: 10   *Schwell.: 10*   *Schwell.: 100*   *Schwell.: 100*

Aufgabe 2
Bearbeiten Sie das Bild mit optimierten Einstellungswerten und platzieren das Ergebnis auf dem Arbeitsblatt. Notieren Sie die dazugehörigen Werte.

optimierte Bearbeitung

Stärke: 175
Radius: 1 px
Schwellenwert: 10

Böhringer, Bühler, Schlaich: Printmedien gestalten und digital produzieren, H+J 6078   T02 – Ü4

Toolkits – Lehrerband

Ü5 Bild weichzeichnen • S. 216

- Übungsdatei ⊙ t02_ue5_trauben.tif
- Kopiervorlage auf Seite T02 – Ü5 oder ⊙ t02_ue5_bild_weichzeichnen.pdf
- Beamer und Visualizer oder Overhead-Projektor zur Besprechung im Plenum
- Computerarbeitsplätze mit Photoshop oder GIMP, ggf. außerdem InDesign oder Scribus

Methodisch-didaktische Hinweise

- Dauer (ohne Besprechung) ca. 40 min
- Einzel- oder Partnerarbeit, Besprechung im Plenum
- Ausdrucke der Arbeitsergebnisse ins Arbeitsblatt einkleben.
- Bei Programmkenntnissen in InDesign oder Scribus können die Arbeitsblätter von den Lernenden auch komplett digital erstellt und anschließend ausgedruckt werden.
- Exemplarisch werden auf dem Arbeitsblatt verschiedene Optionen eingesetzt. Vertiefend können extremere Einstellungsoptionen getestet und zu bewertet werden.
- Vergleiche unterschiedlicher Weichzeichnungsfilter hinsichtlich der Einstellungsmöglichkeiten und Wirkungsweisen tragen zum besseren Verständnis bei.

Vertiefung

- Welcher Zusammenhang besteht zwischen der Bildauflösung und den Einstellungen beim Weichzeichnen?
- Warum bietet das Programm verschiedenen Weichzeichnungsfilter? Welche Möglichkeiten bieten diese Filter?

T02 – Bildbearbeitung

Bild weichzeichnen

Vorlage
Format: 272,3 mm x 180,8 mm
Pixelmaß: 3216 px x 2136 px
Pixelzahl: 6.869.376 px
Auflösung: 300 ppi
Farbmodus: RGB
Dateigröße: 19,7 MB

Aufgabe 1
Experimentieren Sie mit den Einstellungen. Wählen Sie auch extreme Einstellungen um die Funktion der verschiedenen Einstellungsparameter zu verdeutlichen. Stellen Sie aussagekräftige Bildausschnitte mit den dazugehörigen Einstellungswerten auf das Arbeitsblatt.

Radius: 2 *Radius: 2* *Radius: 50* *Radius: 100*
Schwell.: 20 *Schwell.: 100* *Schwell.: 100* *Schwell.: 50*

Aufgabe 2
Bearbeiten Sie das Bild mit optimierten Einstellungswerten und platzieren das Ergebnis auf dem Arbeitsblatt. Notieren Sie die dazugehörigen Werte.

optimierte Bearbeitung

Radius: 2 px
Schwellenwert: 100
Hintergrund ausgewählt,
Trauben nicht weichgezeichnet

Böhringer, Bühler, Schlaich: Printmedien gestalten und digital produzieren, H+J 6078

T02 – Ü5

Toolkits – Lehrerband

Ü6 Bild retuschieren • S. 220

- Übungsdatei t02_ue6_traktor.tif
- Kopiervorlage auf Seite T02 – Ü6 oder t02_ue6_bild_retuschieren.pdf
- Beamer und Visualizer oder Overhead-Projektor zur Besprechung im Plenum
- Computerarbeitsplätze mit Photoshop oder GIMP, ggf. außerdem InDesign oder Scribus

Methodisch-didaktische Hinweise

- Dauer (ohne Besprechung) ca. 30 min
- Einzel- oder Partnerarbeit, Besprechung im Plenum
- Ausdrucke des Arbeitsergebnisses ins Arbeitsblatt einkleben
- Bei Programmkenntnissen in InDesign oder Scribus können die Arbeitsblätter von den Lernenden auch komplett digital erstellt und anschließend ausgedruckt werden.
- Vergleiche unterschiedlicher Retuschewerkzeuge hinsichtlich der Einstellungsmöglichkeiten und Wirkungsweisen tragen zum besseren Verständnis bei.

Vertiefung

- Welche Arten der Bildretusche gibt es?
- Ist die Retusche bei allen Bildern grundsätzlich notwendig?
- Dient die Bildretusche der Optimierung oder Fälschung von Bildern?

T02 – Bildbearbeitung

Bild retuschieren

Retusche mit dem Stempelwerkzeug
- Entfernen Sie die braune Fläche und das Absperrband am linken Bildrand. Retuschieren Sie dazu das Bild mit dem Stempelwerkzeug.
- Protokollieren Sie Ihre Vorgehensweise.

1. Bilddatei öffnen
2. Hintergrundebene duplizieren
3. Kopierstempel (Photoshop) bzw. Klonstempel (GIMP) auswählen
4. Werkzeugeinstellungen überprüfen und ggf. verändern
5. Mit gedrückter ALT-Taste die Kopierquelle auswählen
6. Stempel über Zielstelle bringen und mit gedrückter Maustaste kopieren
7. Ansatz immer wieder wechseln damit neue Strukturen entstehen
8. Arbeitsergebnis visuell beurteilen
9. Falls notwendig Nacharbeiten ausführen

Böhringer, Bühler, Schlaich: Printmedien gestalten und digital produzieren, H+J 6078

T02 – Ü6

Toolkits – Lehrerband

Ü7 Fotomontage erstellen • S. 223

- Übungsdateien ⊙ t02_ue7_hafen.tif, t02_ue7_fernglas.tif
- Kopiervorlage auf Seite T02 – Ü7 oder ⊙ t02_ue7_fotomontage_erstellen.pdf
- Beamer und Visualizer oder Overhead-Projektor zur Besprechung im Plenum
- Computerarbeitsplätze mit Photoshop oder GIMP, ggf. außerdem InDesign oder Scribus

Methodisch-didaktische Hinweise

- Dauer (ohne Besprechung) ca. 90 min
- Einzel- oder Partnerarbeit, Besprechung im Plenum
- Ausdrucke des Arbeitsergebnisses ins Arbeitsblatt einkleben
- Bei Programmkenntnissen in InDesign oder Scribus können die Arbeitsblätter von den Lernenden auch komplett digital erstellt und anschließend ausgedruckt werden.

Vertiefung

- Wie verhalten sich Auflösung und Farbmodi von Quell- und Zieldateien zueinender?
- Wie steht es mit dem Wahrheitsgehalt von Fotografien und Fotomontagen?
- Welche Grundsätze der Bildgestaltung sind bei einer Fotomontage zu beachten?

T02 – Bildbearbeitung

Fotomontage erstellen

- Erstellen Sie aus den beiden Bildquellen eine Fotomontage.
- Beachten Sie bei der Anpassungsretusche vor allem auch die transparenten Glasscheiben und die Schärfe des Bildvordergrunds.
- Protokollieren Sie Ihre Vorgehensweise.

1. Bilddateien öffnen
2. Hintergrundebenen duplizieren
3. Fernglas freistellen und als Ebene in die Datei „Hafen" kopieren
4. Die beiden Glasscheiben freistellen und ebenfalls als Ebene in die Datei „Hafen" kopieren
5. Die inneren Flächen der Glasscheiben ausschneiden und mit Grau füllen
6. Transparenz dieser neuen Glasscheiben so reduzieren, dass der Hafen durchscheint
7. Schärfe der Bildbereiche anpassen: Hafen scharfzeichnen, Vordergrund mit Fernglas weichzeichnen
8. Bildoptimierung durch Anpassungsretusche
9. Arbeitsergebnis visuell beurteilen
10. Falls notwendig Nacharbeiten ausführen

Böhringer, Bühler, Schlaich: Printmedien gestalten und digital produzieren, H+J 6078

T02 – Ü7

Toolkits – Lehrerband

T03 Grafik

Ü1 Grafiken aus einfachen Objekten erstellen • S. 232

- Kopiervorlage auf Seite T03–Ü1 oder ⊙ t03_ue1_grundformen.pdf
- Beamer und Visualizer oder Overhead-Projektor zur Besprechung im Plenum
- Computerarbeitsplätze mit Illustrator bzw. Inkscape
- Die Übung kann auch digital (PDF-Formular) durchgeführt und im Plenum am Beamer besprochen werden.

Methodisch-didaktische Hinweise

- Dauer mit Besprechung ca. 45 min
- Einzel- oder Partnerarbeit, Besprechung im Plenum
- Die Lernenden sollen sich eine möglichst exakte Arbeitsweise angewöhnen. Als Hilfsmittel dienen:
  - Lupen-Werkzeug zur vergrößerten Betrachtung der Grafik,
  - Ausrichten am Raster (siehe auch *Bearbeiten* > *Voreinstellungen* > *Hilfslinien und Raster* bei Illustrator bzw. *Datei* > *Dokumenteinstellungen* > *Gitter* bei Inkscape),
  - Modus *Ansicht* > *Intelligente Hilfslinien* bei Illustrator zur exakter Ausrichtung von Objekten.
  - Nummerische Eingabe von Breite und Höhe (Button *Transformieren* bei Illustrator bzw. direkte Eingabe von Breite und Höhe bei Inkscape).
- Es gibt immer mehrere Lösungswege. Die Dokumentation der Vorgehensweise dient (auch) dazu, dass diese im Plenum miteinander verglichen werden können.

Vertiefung

- Weshalb werden Grafiken nicht mit Photoshop oder Gimp erstellt?
- Welche wesentlichen Unterschiede bestehen zwischen Grafiken und Bildern?
- Weshalb spielt es keine Rolle, in welcher Größe eine Grafik erstellt wird?
- Erstellen Sie eigene Grafiken z. B. Verkehrsschilder oder einfache Fahrzeuge.

T03 – Grafik

Grafiken aus einfachen Objekten erstellen

- Üben Sie den Umgang mit Linie, Kreis, Ellipse, Rechteck, Quadrat, Stern und Polygon mit unterschiedlicher Kontur und Füllung.
- Erstellen Sie die dargestellten Objekte aus geometrischen Grundformen (Rechteck, Kreis, Linien).
- Protokollieren Sie Ihre Vorgehensweise für *eines* der Objekte.

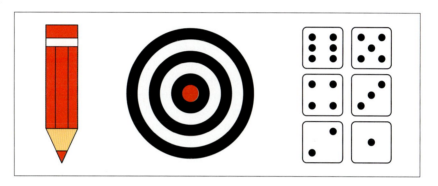

Vorgehensweise   *(Bleistift)*

1. Ansicht > Raster einblenden (Illustrator) bzw. Ansicht > Gitter (Inkscape)

2. Rechteck-Werkzeug: Rechteck zeichnen, rote Füllung, schwarze Kontur

3. Weißes Rechteck zeichnen und auf rotem Rechteck platzieren

4. Linien-Werkzeug: schwarze Linien zeichnen und platzieren

5. Dreieck mit Polygon-Werkzeug: Mausklick auf Arbeitsfläche und bei Seiten: 3 eingeben (Illustrator) bzw. bei Ecken: 3 eingeben (Inkscape)

6. Auswahl-Werkzeug: Dreieck anklicken (bei Inkscape zweimal), dann drehen und skalieren, hellbraune Füllung, schwarze Kontur

7. Dreieck duplizieren und auf ca. 30% verkleinern: Objekt > Transformieren > Skalieren (Illustrator) bzw. Bearbeiten > Duplizieren, danach verkleinern (Inkscape)

Böhringer, Bühler, Schlaich: Printmedien gestalten und digital produzieren, H+J 6078   T03 – Ü1

Ü2 Grafiken aus Pfaden erstellen • S. 234

- Kopiervorlage auf Seite T03–Ü2 oder t03_ue2_pfade.pdf
- Beamer und Visualizer oder Overhead-Projektor zur Besprechung im Plenum
- Computerarbeitsplätze mit Illustrator bzw. Inkscape
- Farbdrucker
- Schere oder Cutter, Klebstoff

Methodisch-didaktische Hinweise

- Dauer mit Besprechung ca. 45 min
- Einzel- oder Partnerarbeit, Besprechung im Plenum
- Die Ausdrucke können gesammelt an einer Pinnwand befestigt und mit der Lerngruppe besprochen werden.
- Der Umgang mit dem Zeichenstift-Werkzeug (Pfadwerkzeug) erfordert viel Übung. Da dieses Werkzeug jedoch auch in den Layout- und Bildbearbeitungsprogrammen zur Verfügung steht, ist es sinnvoll, dass die Lernenden den Umgang mit diesem Werkzeug beherrschen.
- Eine Vorübung ist, dass die Lernenden zunächst mit Vorlagen arbeiten: Hierzu wird die Vorlage importiert. Danach wird die Ebene, auf der sich die Vorlage befindet, gesperrt. Auf einer neuen Ebene oberhalb der gesperrten wird die Vorlage mit Hilfe Zeichenstift-Werkzeugs nachgebaut. Durch Ausblenden der Vorlagenebene kontrollieren die Lernenden ihr Ergebnis.

Vertiefung

- Weshalb sollte ein Pfad möglichst wenige Ankerpunkte haben?
- Wo befindet sich das Zeichenstift-Werkzeug bei Photoshop, Gimp, InDesign, Scribus?
- Weiterführende Übungen:
  - Entwurf und Umsetzung eines Logos z. B. für den eigenen Sportverein,
  - Vektorisieren eines Fotos, z. B. eines Tierbildes (siehe Übung T03 – Ü7).

T03 – Grafik

Grafiken aus Pfaden erstellen

- Üben Sie den Umgang mit dem Zeichenstift-Werkzeug: Zeichnen Sie
  - offene Formen, z. B. Schlangenlinie, Zickzack-Linie,
  - geschlossene Formen, z. B. Ei, Raute.
- Legen Sie eine neue Datei mit einer Breite von 150 mm und Höhe von 60 mm an.
- Bauen Sie die dargestellten Logos mit Hilfe des Zeichenstift-Werkzeugs möglichst exakt nach.
- Drucken Sie Ihr Ergebnis aus und kleben Sie es auf das Arbeitsblatt.
- Vergleichen Sie Ihre Ergebnisse mit dem Original: Sind Korrekturen erforderlich?

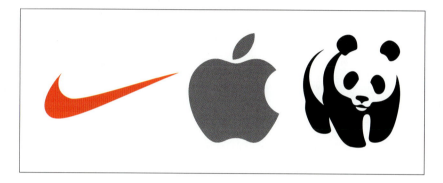

Eigene Lösung ausdrucken und hier aufkleben.

Böhringer, Bühler, Schlaich: Printmedien gestalten und digital produzieren, H+J 6078

T03 – Ü2

Toolkits – Lehrerband

 Ü3 Zusammengesetzte Objekte erstellen • S. 235

- Kopiervorlage auf Seite T03–Ü3 oder ⊙ t03_ue3_zusammengesetzte_objekte.pdf
- Beamer und Visualizer oder Overhead-Projektor zur Besprechung im Plenum
- Computerarbeitsplätze mit Illustrator bzw. Inkscape

 Methodisch-didaktische Hinweise

- Dauer mit Besprechung ca. 45 min
- Einzel- oder Partnerarbeit, Besprechung im Plenum
- Zur Besprechung empfiehlt es sich, dass die Vorgehensweise durch die Lernenden am Beamer demonstriert wird. Im Anschluss sollte diskutiert werden, ob es noch alternative, eventuell bessere Lösungen gibt.

 Vertiefung

- Eine weiterführende Technik zur Erstellung zusammengesetzter Objekte ist die Verwendung von Schnittmasken (*Objekt > Schnittmaske* bei Illustrator bzw. *Objekt > Ausschneidepfad* bei Inkscape).

T03 – Grafik

Zusammengesetzte Objekte erstellen

- Bauen Sie das Sparkassen-Logo nach.

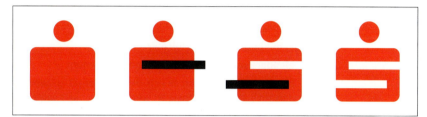

- Erstellen Sie folgende Objekte aus einfachen Grundformen.
- Dokumentieren Sie Ihre Vorgehensweise für *eines* der Objekte.

Vorgehensweise

Rugby-Ball (links):

1. Kreis zeichnen, ohne Kontur, blaue Füllung

2. Kreis duplizieren (Strg + C, danach Strg + V)

3. Kreise so platzieren, dass sich als Schnittmenge die gewünschte Form ergibt.

4. Pathfinder > Schnittmenge bilden (Illustrator) bzw. Pfad > Überschneidung (Inkscape).

Böhringer, Bühler, Schlaich: Printmedien gestalten und digital produzieren, H+J 6078

T03 – Ü3

Toolkits – Lehrerband

 Ü4 Symmetrische Grafiken erstellen • S. 238

- Kopiervorlage auf Seite T03–Ü4 oder ⊙ t03_ue4_symmetrie.pdf
- Beamer und Visualizer oder Overhead-Projektor zur Besprechung im Plenum
- Computerarbeitsplätze mit Illustrator bzw. Inkscape

 Methodisch-didaktische Hinweise

- Dauer mit Besprechung ca. 90 min
- Einzel- oder Partnerarbeit, Besprechung im Plenum
- Zur Besprechung empfiehlt es sich, dass die Vorgehensweise durch die Lernenden am Beamer demonstriert wird. Im Anschluss sollte diskutiert werden, ob es noch andere, eventuell bessere Lösungen gibt.

 Vertiefung

- Zählen Sie weitere Objekte auf, bei denen Achsen- oder Drehsymmetrie eine Rolle spielt.
- Weitere Übungen: Speichenrad, Eiskristall, Regentropfen, Herz, Schmetterling, mathematische Kurven z. B. Parabeln, Yin-Yang-Symbol.

Symmetrische Grafiken erstellen

- Erstellen Sie die Vase und das Windrad:

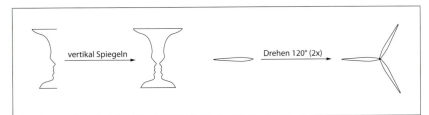

- Untersuchen Sie die Symmetrien in den Grafiken unten: Zeichnen Sie mögliche Symmetrieachsen oder -punkte ein. (Hinweis: Es sind mehrere Lösungen möglich.)
- Setzen Sie mindestens zwei Grafiken im Grafikprogramm um.

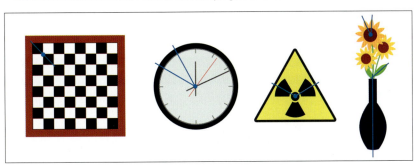

Objekte durch Spiegeln:

Vase, Blütenblatt, grünes Blatt

Objekte durch Drehen (Drehwinkel angeben):

Schachfelder (180°), Striche auf Ziffernblatt (30°), Kreisausschnitte auf Schild (120°), Blütenblätter (30°)

Böhringer, Bühler, Schlaich: Printmedien gestalten und digital produzieren, H+J 6078

Toolkits – Lehrerband

 Ü5 Farbverläufe erstellen • S. 241

- Kopiervorlage auf Seite T03–Ü5 oder ⊙ t03_ue5_farbverlauf.pdf
- Beamer und Visualizer oder Overhead-Projektor zur Besprechung im Plenum
- Objekte (z. B. Ball, Quader, Würfel) und Lichtquellen (z. B. Sonne, Taschenlampe, Deckenbeleuchtung)
- Computerarbeitsplätze mit Illustrator bzw. Inkscape

 Methodisch-didaktische Hinweise

- Dauer mit Besprechung ca. 90 min
- Einzel- oder Partnerarbeit, Besprechung im Plenum
- Um bei den Lernenden ein Gefühl für Licht und Schatten zu entwickeln, sollten sie im Vorfeld mit realen Objekten experimentieren. Hierbei beobachten und notieren sie, wie sich die Lichtart, -stärke und der Abstand der Lichtquelle auf die Farben, Farbverläufe und Schatten der Objekte auswirken.
- Eine Verzahnung mit dem Fach Physik (Optik) ist anzustreben.

 Vertiefung

- Als Vertiefung ist die Behandlung der Gesetzmäßigkeiten der Perspektive denkbar:
  - Ein-Punkt-Perspektive
  - Zwei-Punkt-Perspektive
  - Axonometrie

  Zu jedem der genannten Themen können beliebig komplexe praktische Übungen im Grafikprogramm durchgeführt werden.
- Als weitere Übungen können einfache dreidimensionale Objekte realisiert werden: Würfel, Glas, Lampe, Flasche, Stuhl.

Farbverläufe erstellen

- Erstellen Sie aus einem Kreis eine fotorealistische Kugel.

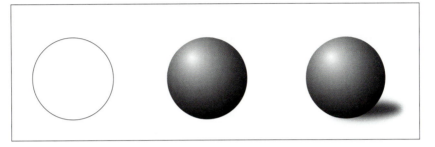

- Notieren Sie, wovon Farbverläufe und Schatten abhängig sind:

Art der Lichtquelle (Kunstlicht, Tageslicht), Abstand von Lichtquelle und Objekt, Stärke der Lichtquelle, Material des Objekts (z.B. Metall, Holz, Stoff, Stein), Beschaffenheit der Oberfläche (rauh, glatt, glänzend, matt), Farbe der Oberfläche

- Erstellen Sie einen möglichst fotorealistisch aussehenden Füller.

Böhringer, Bühler, Schlaich: Printmedien gestalten und digital produzieren, H+J 6078

T03 – Ü5

Toolkits – Lehrerband

 Ü6 Grafiken mit Text erstellen • S. 245

- Kopiervorlage auf Seite T03–Ü6 oder ⊙ t03_ue6_textgrafik.pdf
- Beamer und Visualizer oder Overhead-Projektor zur Besprechung im Plenum
- Computerarbeitsplätze mit Illustrator bzw. Inkscape
- Farbdrucker

 Methodisch-didaktische Hinweise

- Dauer mit Besprechung ca. 90 min
- Einzel- oder Partnerarbeit, Besprechung im Plenum
- Durch die Kombination von Schrift und Grafik entwickeln die Lernenden ein Gespür für die Wirkung von Schriften.
- Bei der Übung „Typotiere" ist eine Aufteilung der Klasse in Gruppen denkbar. Jede Gruppe erstellt Tiere aus einer bestimmten Tierklasse, z. B. Säugetiere, Fische, Vögel, Insekten, Reptilien. Im Anschluss lassen sich alle Arbeiten zu einer Ausstellung „Typozoo" sammeln.

 Vertiefung

- Weshalb kann es sinnvoll sein, Schriften in Pfade umzuwandeln?
- Welcher Nachteil ergibt sich durch die Umwandlung?
- Als vertiefende Übung bietet sich die Erstellung von „Typoplakaten" zu einem bestimmten Thema an. Unter dem Stichwort „Typoplakat" lassen sich im Internet zahlreiche Beispiele finden, die zur Inspiration dienen können.
- Die Ergebnisse können die Lernenden in einer Ausstellung präsentieren.

T03 – Grafik

Grafik mit Text erstellen

Text innerhalb einer Kontur
- Erstellen Sie den Ball und den Hai und füllen Sie ihn mit Text.
- Entwerfen Sie eine eigene Form und füllen Sie diese mit Text.

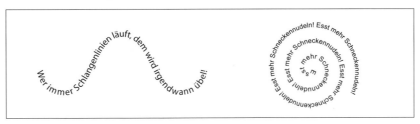

Text auf einer Kontur
- Erstellen Sie die unten gezeigten Konturen und versehen Sie diese mit Text.
- Entwerfen Sie eine eigene Kontur und versehen Sie diese mit Text.

Typotiere
- Entwerfen Sie Typotiere, die ausschließlich aus Buchstaben bestehen.
- Wandeln Sie die Schriften in Pfade um.

Böhringer, Bühler, Schlaich: Printmedien gestalten und digital produzieren, H+J 6078

T03 – Ü6

Toolkits – Lehrerband

Ü7 Pixelbild vektorisieren • S. 248

- Kopiervorlage auf Seite T03–Ü7 oder ⊙ t03_ue7_vektorisieren.pdf
- Beamer und Visualizer oder Overhead-Projektor zur Besprechung im Plenum
- Computerarbeitsplätze mit Illustrator bzw. Inkscape
- Farbdrucker

Methodisch-didaktische Hinweise

- Dauer mit Besprechung ca. 90 min
- Einzel- oder Partnerarbeit, Besprechung im Plenum
- Das manuelle Vektorisieren ist aufwändig und erfordert viel Übung. Empfehlen Sie den Lernenden daher, zunächst mit einfachen Motiven zu beginnen.
- Als Bildvorlagen eignen sich auch Fotos der Lernenden, die diese selbst aufnehmen.

Vertiefung

- Als vertiefende Übung bietet sich die Gestaltung eines Flyers oder Plakats zu einem vorgegebenen Thema an.
- Gute Ergebnisse können großformatig ausgedruckt und in Glasrahmen an den Wänden ausgestellt werden.

Pixelbild vektorisieren

Automatisiertes Nachzeichnen
- Importieren Sie ein Foto Ihrer Wahl.
- Kopieren Sie das Foto auf eine zweite Ebene und blenden Sie diese Ebene aus. Auf diese Weise können Sie später das Original erneut ansehen.
- Wandeln Sie das Foto mit Hilfe der Nachzeichen-Funktion in eine Vektorgrafik um.
- Bearbeiten Sie das vektorisierte Bild manuell nach, bis es die gewünschte Wirkung erzielt.

Manuelles Nachzeichnen
- Importieren Sie ein Foto Ihrer Wahl.
- Legen Sie eine neue Ebene oberhalb der Ebene mit dem Foto an.
- Zeichnen Sie die wichtigsten Konturen des Fotos nach.
- Färben Sie geschlossene Konturen ein.
- Blenden Sie zur Kontrolle des Ergebnisses die Ebene mit dem Foto aus.

Böhringer, Bühler, Schlaich: Printmedien gestalten und digital produzieren, H+J 6078

T03 – Ü7

Toolkits – Lehrerband

 Ü8   Mit Stift und Pinsel malen • S. 249

- Kopiervorlage auf Seite T03–Ü8 oder ⊙ t03_ue8_malen.pdf
- Beamer und Visualizer oder Overhead-Projektor zur Besprechung im Plenum
- Computerarbeitsplätze mit Illustrator bzw. Inkscape
- Farbdrucker

 Methodisch-didaktische Hinweise

- Dauer mit Besprechung ca. 90 min
- Einzel- oder Partnerarbeit, Besprechung im Plenum
- Malen mit der Maus (ohne Grafiktablett) ist schwierig und erfordert viel Übung. Die Vorübungen sollten aus diesem Grund gewissenhaft und mehrmals durchgeführt werden.

 Vertiefung

- Als vertiefende Übung entwerfen die Lernenden eine Comic-ähnliche Bildergeschichte mit Texten und Grafiken. Eine Kooperation mit dem Fach Deutsch ist anzustreben.
- Gute Ergebnisse können großformatig ausgedruckt und in Glasrahmen an den Wänden ausgestellt werden.

Mit Stift und Pinsel malen

Vorübungen
- Erstellen Sie die dargestellten Formen mit Hilfe des Rechteck-, Kreis-, Polygon- und Textwerkzeugs.
- Erzeugen Sie eine neue Ebene.
- Malen Sie auf der neuen Ebene die Formen mit Hilfe des Pinsel-Werkzeugs nach. Blenden Sie danach die Ebene aus.
- Erzeugen Sie eine neue Ebene und wiederholen Sie das Malen. Vergleichen Sie die beiden Ergebnisse.
- Malen Sie die Formen auf einer neuen Ebene mit Hilfe des Pinsel-Werkzeugs aus.

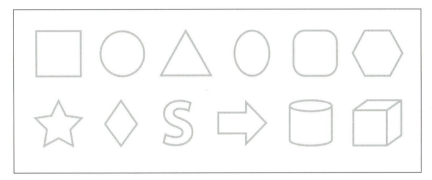

Malen
Malen Sie einfache Objekte wie unten dargstellt.
- Beginnen Sie mit den Konturen.
- Erzeugen Sie eine neue Ebene.
- Malen Sie im Anschluss die Grafiken auf dieser Ebene wie gewünscht aus.
- Verschieben Sie die Ebene mit den Konturen über die Ebene mit den Füllungen, sodass die Konturen überall sichtbar sind.

Böhringer, Bühler, Schlaich: Printmedien gestalten und digital produzieren, H+J 6078

T03 – Ü8

Practice

Practice – Lehrerband

P01 Visitenkarte

 Ü1 Schrift wählen • S. 254

- Kopiervorlage auf Seite P01–Ü1 oder ⊙ p01_ue1_schriften.pdf
- Beamer und Visualizer oder Overhead-Projektor zur Besprechung im Plenum
- Computerarbeitsplätze mit InDesign bzw. Scribus zur Auswahl einer Schrift
- Wenn Computer vorhanden sind, kann die Übung auch digital (PDF-Formular) durchgeführt und im Plenum am Beamer besprochen werden.

 Methodisch-didaktische Hinweise

- Dauer mit Besprechung ca. 30 min
- Einzel- oder Partnerarbeit, Besprechung im Plenum
- Für die Auswahl einer Schrift spielt neben dem obersten Gebot optimaler Lesbarkeit vor allem der Schriftcharakter eine Rolle. Die Beurteilung des Schriftcharakters kann mit den Lernenden durch Erstellung von Polaritätsprofilen geübt werden. Lesen Sie hierzu Kapitel B10 – 2 auf Seite 87 ff.

 Vertiefung

- Häufig sind in Computerräumen nur die wenigen Schriften des Betriebssystems installiert. Für Übungen empfiehlt es sich die Installation weiterer Schriften im Font-Ordner des Betriebssystems. Im Internet sind zahlreiche Anbieter von teilweise kostenlosen Fonts zu finden.
- Welche lizenzrechtlichen Aspekte sind bei der Verwendung einer Schrift zu beachten?

P01 – Visitenkarte

Schrift für Visitenkarte wählen

Welche Schrift eignet sich zur Verwendung auf einer Visitenkarte, welche nicht? Begründen Sie Ihre Auswahl.

Brush Script:

Lukas Muster

Waldstraße 15
79102 Freiburg
Telefon: (0761) 12 34 56
Mobil: (0171) 98 76 54
E-Mail: lukas.m@web.de

ungeeignet: schlecht lesbar, unseriös, allenfalls für Name

Myriad Pro:

Lukas Muster

Waldstraße 15
79102 Freiburg
Telefon: (0761) 12 34 56
Mobil: (0171) 98 76 54
E-Mail: lukas.m@web.de

geeignet: sehr gut lesbar, schlicht, modern, zeitgemäß, neutral

Old English:

Lukas Muster

Waldstraße 15
79102 Freiburg
Telefon: (0761) 12 34 56
Mobil: (0171) 98 76 54
E-Mail: lukas.m@web.de

ungeeignet: schlecht lesbar, assoziiert 3. Reich, veraltet

Comic Sans:

Lukas Muster

Waldstraße 15
79102 Freiburg
Telefon: (0761) 12 34 56
Mobil: (0171) 98 76 54
E-Mail: lukas.m@web.de

ungeeignet: Kinderschrift (Comic), unseriös, unruhiges Schriftbild

Untersuchen Sie die Schriften Ihres Computers.
Für meine Visitenkarte wähle ich die Schrift:

Böhringer, Bühler, Schlaich: Printmedien gestalten und digital produzieren, H+J 6078   P01 – Ü1

Practice – Lehrerband

 Ü2 Farben beurteilen • S. 255

- Kopiervorlage auf Seite P01–Ü2 oder ⊙ p01_ue2_farben.pdf
- Beamer und Visualizer oder Overhead-Projektor zur Besprechung im Plenum
- Wenn Computer vorhanden sind, kann die Übung auch digital (PDF-Formular) durchgeführt und im Plenum am Beamer besprochen werden.

 Methodisch-didaktische Hinweise

- Dauer mit Besprechung ca. 15 min
- Einzel- oder Partnerarbeit, Besprechung im Plenum
- Die Beurteilung von Farben ist immer auch von subjektiven Empfindungen abhängig. Aus diesem Grund können sich andere Lösungen ergeben, die auch akzeptabel sind. Im Plenum sollte aber besprochen werden, *weshalb* die Farben unterschiedlich wahrgenommen werden.

 Vertiefung

- Welche Assoziationen und Empfindungen wollen Sie bei der Auswahl der Farben für *Ihre* Visitenkarte auslösen?
- Welche Farbe(n) wählen Sie für Ihre Visitenkarte?
- Welche Farbkontraste sind für eine optimale Lesbarkeit besonders geeignet?

P01 – Visitenkarte

Farben auf Visitenkarte beurteilen

- Beschreiben Sie die Farbwirkung durch Adjektive.
- Nennen Sie den jeweiligen Farbkontrast.

Lukas Muster (dunkelblau/weiß)
Waldstraße 15, 79102 Freiburg
Telefon: (0761) 12 34 56
Mobil: (0171) 98 76 54
E-Mail: lukas.m@web.de

seriös, kühl, neutral, sachlich
(Bunt-unbunt-Kontrast)

Lukas Muster (rot/blau)

auffällig, hitzig, dynamisch, extrem
(Komplementärkontrast)

Lukas Muster (grün)

dezent, erdig, schmutzig, leise
(Qualitätskontrast)

Lukas Muster (orange/gelb)

warm, laut, auffällig, modern
(Bunt-unbunt-Kontrast)

Ordnen Sie die Visitenkarten nach Lesbarkeit:

Lesbarkeit nimmt ab: links oben, rechts unten, links unten, rechts oben

Böhringer, Bühler, Schlaich: Printmedien gestalten und digital produzieren, H+J 6078   P01 – Ü2

Practice – Lehrerband

 Ü3 Visitenkarten beurteilen • S. 257

- Kopiervorlage auf Seite P01–Ü3 oder ⊙ p01_ue3_visitenkarten.pdf
- Beamer und Visualizer oder Overhead-Projektor zur Besprechung im Plenum
- Wenn Computer vorhanden sind, kann die Übung auch digital (PDF-Formular) durchgeführt und im Plenum am Beamer besprochen werden.

 Methodisch-didaktische Hinweise

- Dauer mit Besprechung ca. 30 min
- Einzel- oder Partnerarbeit, Besprechung im Plenum
- Ziel ist, dass die Lernenden die Beurteilung von gestalteten Produkten nach vorgegebenen Kriterien und durch Verwendung eingeführter Fachbegriffe üben.
- Nach der Analyse vorhandener Produkte fällt der Entwurf (Synthese) eigener Produkte erfahrungsgemäß leichter, sodass im nächsten Schritt die Erstellung einer eigenen Visitenkarte erfolgen kann.
- Die Vorgehensweise Synthese – Analyse empfiehlt sich auch für andere Projekte in diesem Buch.

 Vertiefung

- Im Internet gibt es zahlreiche Anbieter für die Erstellung von Visitenkarten. Hierfür werden fertige Layouts zur Verfügung gestellt. Auch hier kann die Beurteilung von Visitenkarten nach gegebenen Kriterien geübt werden.
- Eine Vertiefung ist die Erstellung einer Visitenkarte für eine bestimmte Zielgruppe, z. B. Blumenladen, Kindergarten, Baufirma, Schule, Werbeagentur.

P01 – Visitenkarte

Visitenkarten beurteilen

- Beurteilen Sie die Visitenkarten.
- Machen Sie sich Notizen zu Farbgestaltung, Schriftwahl und Gesamteindruck.

Foto (Urlaubsmotiv) unseriös, Schrift zu verspielt und auf Hintergrund schlecht lesbar, Visitenkarte unbrauchbar

Farbkontrast gut, Schrift gut lesbar, Motiv (BMW) ungeeignet, Logo darf nicht verwendet werden, Visitenkarte allenfalls privat brauchbar

Farbkontrast (Bunt-unbunt-Kontrast) geeignet, Schrift gut lesbar, individuelle Gestaltung, Visitenkarte gut geeignet

Farbkontrast (Qualitätskontrast) geeignet, Schrift gut lesbar, dynamische Wirkung (Schrägstellung), Visitenkarte gut geeignet

Böhringer, Bühler, Schlaich: Printmedien gestalten und digital produzieren, H+J 6078

P01 – Ü3

P02 Briefbogen

 Ü1 Briefbogen entwerfen • S. 265

- Papier (evtl. Millimeterpapier), Bleistift, Lineal
- Computerarbeitsplätze mit InDesign bzw. Scribus zur Erstellung des Briefbogens
- Farbdrucker

 Methodisch-didaktische Hinweise

- Dauer für Entwurf und Umsetzung am Computer ca. 4 Stunden
- Einzel- oder Partnerarbeit, Besprechung im Plenum
- Achten Sie darauf, dass die Lernenden die Vorgaben der DIN einhalten. Die Verwendung von Millimeterpapier kann ihnen hierbei eine Hilfe sein.
- Thematisieren Sie mit den Lernenden, dass bei einem randabfallenden Layouts (siehe rechts) ein Drucker erforderlich ist, der das Format bis zum Rand bedrucken kann. Ist ein solcher Drucker nicht vorhanden, muss auf randabfallende Layouts verzichtet werden.
- Die Erstellung des Briefbogens am Computer sollte erst erfolgen, wenn der Entwurf vollständig und besprochen ist.
- Eine Fächerverbindung mit Deutsch zum Thema „Geschäftsbriefe schreiben" ist sinnvoll.

 Vertiefung

- Zur Ergänzung der Geschäftsausstattung sind ein Faxbogen (in Schwarz-Weiß) und ein Kurzbriefbogen denkbar.
- Da heute ein Großteil der Korrespondenz über E-Mail erfolgt, kann ergänzend das Thema E-Mail-Signatur aufgegriffen werden.
- Alle erstellten Medien sollten die gleichen Gestaltungselemente wie Briefbogen und Visitenkarte aufweisen, sodass sich ein einheitliches Corporate Design ergibt (vgl. Kapitel B02).

P02 – Briefbogen

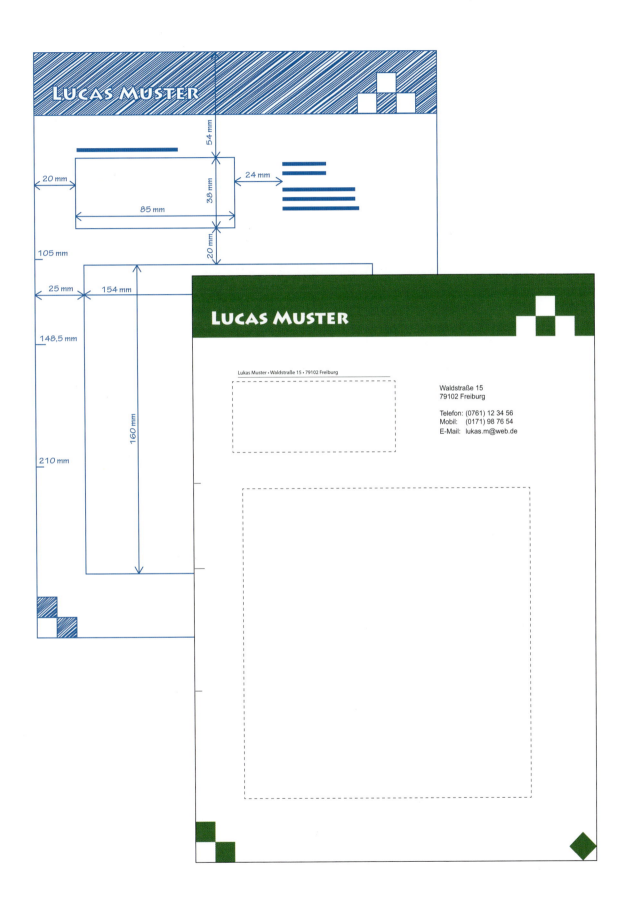

P03 Aufkleber

Ü1 Aufkleber scribblen • S. 271

- Kopiervorlage auf Seite P03–Ü1 oder ⊙ p03_ue1_aufkleber.pdf
- Bleistifte, evtl. Copic Marker
- Visualizer zur Besprechung im Plenum

Methodisch-didaktische Hinweise

- Dauer mit Besprechung ca. 30 min
- Einzelarbeit, Besprechung im Plenum
- Die Übung dient zur Inspiration und Motivation für den Entwurf eigener Aufkleber.
- Zur Ideenfindung ist eine kurze Recherchephase im Internet möglich.

Vertiefung

- Zur Vertiefung setzen die Lernenden die gescribbelten Aufkleber im Grafikprogramm Illustrator oder Inkscape um.

Aufkleber scribblen

Skizzieren Sie Aufkleber.

Aufkleber dient als Hinweis.		*Hinweis auf Feuerlöscher*
Aufkleber dient zur Warnung.		*Achtung Gift*
Aufkleber drückt eigene Meinung aus.		*Gegen rechtes Gedankengut und Neonazis*
Aufkleber teilt Zugehörigkeit mit.		*Vereinslogo Borussia Dortmund*
Aufkleber hat schmückende Funktion.		*Ein Klassiker: Prilblumen*

Böhringer, Bühler, Schlaich: Printmedien gestalten und digital produzieren, H+J 6078

P03 – Ü1

Practice – Lehrerband

 Ü2 Ideen finden – Entwürfe machen • S. 273

- Kopiervorlage auf Seite P03–Ü2 oder ⊙ p03_ue2_brainwriting.pdf
- Bleistifte, evtl. Copic Marker
- Visualizer zur Besprechung im Plenum

 Methodisch-didaktische Hinweise

- Dauer mit Besprechung ca. 45 min
- Gruppenarbeit mit mindestens vier und maximal sechs Lernenden
- Jede Gruppe stellt Ihr Ergebnis im Plenum vor, danach kann eine Abstimmung erfolgen, welcher Aufkleber tatsächlich realisert wird.
- Um mehr Platz für die Sribbles zu haben empfiehlt es sich, die Kopiervorlage auf DIN A3 auszudrucken oder beim Kopieren auf DIN A3 zu vergrößern.
- Unten rechts sehen Sie eine mögliche Umsetzung am Computer, die dann im Anschluss an diese Übung erfolgen sollte.

 Vertiefung

- Themenvorschläge für den Entwurf weiterer Aufkleber:
  - Studien- oder Klassenfahrt
  - Mein Lieblingsgericht
  - Das fliegende Spaghettimonster (vgl. Wikipedia)
- Als Alternative oder Ergänzung zu Aufklebern können T-Shirts entworfen werden.

P03 – Aufkleber

Ideen finden – Entwürfe machen

Thema: *Ein Aufkleber für unseren Schulabschluss.*

Führen Sie die Methode 635 durch (siehe Buch Seite 30 f):
- Notieren oder skizzieren Sie Ihre Ideen.
- Werten Sie die Ergebnisse in Ihrer Gruppe aus.

Namen	1. Idee	2. Idee	3. Idee
Christian	Endlich fertig!	Nichts wie weg hier!	Ab in den Süden!
Lea	Ab(i)n den Süden	Abflug	*[Skizze Flugzeug]*
Saskia	Wir haben fertig	Der Sonne entgegen	Forever free!
Hannes	Abi und weg	*[Skizze Palme/Insel]*	Schule ade – scheiden tut nicht weh
Edina	*[Skizze ÜABI]*	Urlaubsreif!	Ab(i)zug
Daria	... und tschüss!	Geschafft!	*[Skizze Auto]*

Besprechungsergebnisse:

Ovaler Aufkleber, 15 cm breit, 8 cm hoch

stilisiertes, startendes Flugzeug

hell- und dunkelblau, Schrift: Myriad Pro

Slogan: Ab(i)flug 2014 ... wir sind dann mal weg!

Böhringer, Bühler, Schlaich: Printmedien gestalten und digital produzie...

P04 Werbeanzeige

 Ü1 Werbeanzeige nach Vorgaben erstellen • S. 278

- Übungsdateien ⊙ p04_ue1_anzeigentext_pc.txt (Die Textdatei ist in unterschiedlichen Dateiformaten vorhanden)
- Keine Kopiervorlage, da die Aufgabe vom Lernenden vollständig am Rechner zu erstellen ist
- Beamer zur Besprechung im Plenum
- Computerarbeitsplätze mit InDesign oder Scribus
- Drucker

 Methodisch-didaktische Hinweise

- Dauer mit Besprechung ca. 2 Stunden
- Die Übung „Werbeanzeige" ist in zwei Teilaufgaben gegliedert. Teil 1 ist die Erstellung der Anzeige in ihrer Grundstruktur. Hier ist vor allem auf die Einhaltung der Maßvorgaben zu achten. Nach der Erstellung des S/W-Anzeige ist diese zu als PDF-Datei zu drucken und zu besprechen. Vor allem die Umsetzung der „Idee Gardine" ist zu bewerten und eventuell zu korrigieren.
- Der Teil 2 ist der Farbumsetzung gewidmet. Dazu enthält das Kapitel „B08 – Mit Farbe gestalten" Seite 68, grundlegende Informationen zu den Themen Farbsymbolik, Farbkontrast und Farbharmonien. Um einen harmonischen Farbklang zu gestalten sind die Farbbegriffe dieses Kapitels Voraussetzung.
- Rechts ist die Grundanzeige vergrößert abgebildet.

 Vertiefung

- Gestalterische Optimierung und Variation der Anzeigengestaltung
- Linien als Gestaltungselement
  - Linien werden zumeist horizontal und vertikal in unterschiedlichen Dicken, Längen und Stricheigenschaften verwendet.
  - Linien werden als Gestaltungselemente oder als ordnende Elemente verwendet. In der vorliegenden Aufgabe gestalten die Linien eine Gardine. Sie bilden zusammen mit dem Text eine grafische Einheit, die eine bestimmte Anmutung hervorruft.
  - Linien werden z. B. in einer Tabelle als Gliederungselemente verwendet. Um diese Gliederungsfunktion zu erkennen, ist der Satz einer Tabelle als Aufgabenstellung denkbar.

**Gardinen kauft man fein,
beim Gardinenland heut` ein.**

Die größte Auswahl an Gardinen der renommiertesten europäischen Gardinenhersteller bietet Ihnen das Gardinenland Tübingen. Fragen Sie nach unseren Sonderangeboten aus unserer eigenen Herstellung.

Gardinenland Tübingen

Uhlandstraße 12
72072 Tübingen
FON 07071-654398
FAX 07071-654390

www.gardinenland-tuebingen.de

Übergardinen, Stores, Bürogardinen, klassisch, elegant, modern – alles zu supergünstigen Preisen.

Öffnungszeiten: Täglich von 09:00 – 20:00 Uhr. Kostenlose Parkplätze in großer Zahl am Haus.

Practice – Lehrerband

 Ü2 Werbeanzeige farbig anlegen • S. 283

- Erstellte Datei aus „Ü1 Werbeanzeige nach Vorgaben erstellen". Speichern Sie die erstellte Datei mit dem Namen „Farbanzeige_01" ab.
- Keine Kopiervorlage, da die Aufgabe vom Lernenden vollständig am Rechner zu erstellen ist
- Beamer zur Besprechung im Plenum
- Computerarbeitsplätze mit InDesign oder Scribus
- Farbdrucker

 Methodisch-didaktische Hinweise

- Dauer mit Besprechung ca. 1 Stunden
- Ü1 und Ü2 Einzelarbeit am PC
- Die Übung „Werbeanzeige" ist in zwei Teilaufgaben gegliedert. Teil 1 ist die Erstellung der Anzeige in ihrer Grundstruktur. Hier ist vor allem auf die Einhaltung der Maßvorgaben zu achten. Nach der Erstellung des S/W-Anzeige ist diese zu als PDF-Datei zu drucken und zu besprechen.
- Die Ü2 ist der Farbumsetzung gewidmet. Dazu enthält das Kapitel „B08 – Mit Farbe gestalten" (Seite 68) grundlegende Informationen zu den Themen Farbsymbolik, Farbkontrast und Farbharmonien. Um einen harmonischen Farbklang zu gestalten sind die Farbbegriffe dieses Kapitels Voraussetzung.
- Rechts ist die Farbanzeige in den Farbklängen im Grün-Blau- und Rot-Gelb-Bereich abgebildet. Erstellen Sie ebenfalls mehrere Farbklänge.

 Vertiefung

- Ein Farbklang ist eine harmonische Kombination aus mehreren, im Farbkreis gleichabständigen Farben, die bei gleicher Farbqualität, Farbhelligkeit und Farbwirkung in einer definierten Beziehung zueinander stehen.
- Körperfarben und Lichtfarben sind für die Lernenden anfangs ein schwieriges Thema. Vertiefen Sie mit Ihren Lernenden die verschiedenen Farbsysteme, aus denen heraus sich die verschiedenen Farbmischungen ergeben. Nutzen Sie dazu das Kapitel „B07 Farben ordnen" (Seite 58).
- Um das Thema Farbe abzuhandeln und um gelungene Farbkombination zu erstellen ist die folgende Webseite außerordentlich hilfreich: http://kuler.adobe.com > Menüpunkt *Create*. Geben Sie diesen Tipp an Ihre Lernenden weiter.
- Siehe dazu auch „B08 – Ü3 Farben kombinieren" (Seite 77).

P04 – Werbeanzeige

GARDINEN KAUFT MAN FEIN,
BEIM GARDINENLAND HEUT` EIN.

Die größte Auswahl an Gardinen der renommiertesten europäischen Gardinenhersteller bietet Ihnen das Gardinenland Tübingen. Fragen Sie nach unseren Sonderangeboten aus unserer eigenen Herstellung.

GARDINENLAND TÜBINGEN

Uhlandstraße 12
72072 Tübingen
FON 07071-654398
FAX 07071-654390

www.gardinenland-tuebingen.de

Übergardinen, Stores, Bürogardinen, klassisch, elegant, modern – alles zu supergünstigen Preisen.

Öffnungszeiten: Täglich von 09:00 – 20:00 Uhr. Kostenlose Parkplätze in großer Zahl am Haus.

GARDINEN KAUFT MAN FEIN,
BEIM GARDINENLAND HEUT` EIN.

Die größte Auswahl an Gardinen der renommiertesten europäischen Gardinenhersteller bietet Ihnen das Gardinenland Tübingen. Fragen Sie nach unseren Sonderangeboten aus unserer eigenen Herstellung.

GARDINENLAND TÜBINGEN

Uhlandstraße 12
72072 Tübingen
FON 07071-654398
FAX 07071-654390

www.gardinenland-tuebingen.de

Übergardinen, Stores, Bürogardinen, klassisch, elegant, modern – alles zu supergünstigen Preisen.

Öffnungszeiten: Täglich von 09:00 – 20:00 Uhr. Kostenlose Parkplätze in großer Zahl am Haus.

P05 Einseitiger Flyer

 Ü 1 Einseitigen Flyer nach Vorgaben erstellen • S. 287

- Übungsdateien im Ordner ⊙ p05_einseitiger_flyer
- Keine Kopiervorlage, da die Aufgabe vom Lernenden vollständig am Rechner zu erstellen ist
- Beamer zur Besprechung im Plenum
- Computerarbeitsplätze mit InDesign oder Scribus und Photoshop oder GIMP
- Farbdrucker

 Methodisch-didaktische Hinweise

- Dauer mit Besprechung ca. 6 Stunden
- In dieser Aufgabe wird das Zusammenspiel zwischen Layout- und Bildbearbeitungsprogramm angewendet.
- Es ist vor allem darauf zu achten, dass die Bildgrößen an die Layoutvorgaben angepasst werden. Damit ist vor allem die korrekte Ausgabeauflösung für den Druck in ppi zu beachten. Schauen Sie sich dazu mit Ihren Lernenden im Kapitel „T02 – Bildbearbeitung" die Tabelle „Auflösung" auf Seite 209 an. Hier stehen die korrekten Auflösungen für die Ausgabemöglichkeiten im Druck.
- Grundsätzlich sind am Ende einer Aufgabe zwei technische Aspekte von Bedeutung:
  - Die Erstellung einer druckfähigen PDF-Datei. Beachten Sie dazu auch „Kapitel B14 – PDF erstellen" (Seite 120).
  - Das Zusammenstellen eines vollständig zusammengestellten Ordners mit allen zur Ausgabe notwendigen Dateien für eine Druckerei (Fachbegriffe: InDesign: Verpacken, Scribus: Für Ausgabe sammeln). Dies ist für einen großen Teil der Übungsarbeiten an sich nicht erforderlich, schult aber von Anfang an das systematische und professionelle Arbeiten der Lernenden. Außerdem haben Sie als Lehrperson eine gutes Bewertungskriterium für die Arbeiten. Sind alle Dateien eines Auftrages in einem korrekt zusammengestellten Ordner verfügbar, kann es gute Bewertungen ergeben. Fehlen Dateien haben die Lernenden in dem Bewertungspunkt „vollständige Dateizusammenstellung" einen vermeidbaren Minuspunkt erreicht.
- Die Aufgabe kann relativ leicht für andere Flyer oder Kleinplakate modifiziert werden. Es lassen sich problemlos einseitige Schulfest- oder Sportvereinsflyer nach dem gleichen Schema erstellen.

 Vertiefung

- Einseitige Flyer (oder Kleinplakate) sind ein preisgünstiges und hoch wirksames Werbemittel. Werden Flyer in höherer Auflage benötigt, freut sich jede Druckerei, wenn Sie mit einem Druckauftrag kommen.
- Kostengünstiger ist es jedoch oftmals, wenn Sie die Angebote von Online-Druckereien wahrnehmen. Sie wissen dann zwar nicht wer wo wie druckt, aber aller Erfahrung nach werden Ihnen die Druckaufträge schnell und in zufriedenstellender Qualität zugeschickt. Nutzen Sie diesen Service.

Practice – Lehrerband

P06 Plakat

 Ü1 Schriftplakat gestalten und erstellen • S. 298

- Übungsdateien im Ordner ⊙ p06_plakat
- Scribbleausrüstung für die Erstellung des Entwurfs
- Keine Kopiervorlage, da die Aufgabe vom Lernenden vollständig am Rechner zu erstellen ist
- Beamer zur Besprechung im Plenum
- Computerarbeitsplätze mit InDesign oder Scribus
- Internetanschluss für die Generierung des QR-Codes
- Papier mit mindestens 120 g/m² im DIN A3-Format
- A3-Farbdrucker
- Ausdrucke der Ergebnisse zur Präsentation und Besprechung im Plenum

 Methodisch-didaktische Hinweise

- Dauer mit Besprechung ca. 6 Stunden
- Die Textinhalte können im fächerübergreifenden Unterricht in Deutsch oder Geschichte erarbeitet werden.
- Für die meisten Lernenden ist diese Arbeit die erste praktische Umsetzung in im größeren Format DIN A3. In diese Dimension müssen sich die Lernenden erst einfinden. Hilfreich dazu ist ein Scribble in Originalgröße mit den genauen Angaben aller relevanten Maßangaben.
- Die Umsetzung wird die Lernenden auch vor Herausforderungen stellen, da die Arbeit am Monitor in der Originalgröße immer nur einen Plakatausschnitt darstellt. Wenn das Plakat in das Monitorfenster vollständig eingepasst wird, können Schrift- und Bildgrößen schlecht beurteilt werden. Daher ist es hilfreich, wenn Zwischenergebnisse im Format DIN A3 ausgedruckt werden können.
- Präsentieren Sie die Einzelplakate und die daraus entstandenen Plakatserien.

 Vertiefung

- QR-Codes (Quick-Response-Codes) begegnen uns in vielen Drucksachen, an S-Bahn- oder Bushaltestellen. Durch Smartphones hat die Mehrzahl der Lernenden ein Lesegerät für QR-Codes zur Verfügung.
- Die meisten QR-Generatoren fragen vor der Generierung nach der gewünschten Druckauflösung des Codes. Geben Sie hier immer die maximal mögliche Auflösung ein.
- Wenn farbige Hintergründe gewählt werden können, verwenden Sie grundsätzlich helle Farben oder Weiß. Nur dann ist eine einwandfreie Scanfunktion für den Nutzer gesichert. Testen Sie die korrekte Funktionalität des QR-Codes immer vor dem Auflagendruck, das geht direkt am Monitor.
- Eine weitergehende Beschreibung zu QR-Code-Erstellung finden Sie unter www.qrcode-monkey.de.

P06 – Plakat

Plakat 1: Times (Barock-Antiqua)

ABCDEF GHIJKL MNOPQR STUVX YZ?

Die Entstehungsgeschichte der Barock-Antiqua Times kennt verschiedene Darstellungen. Einig ist man sich, dass die Londoner Zeitung „The Times" 1932 mit der von Stanlay Morison entwickelten Schrift „Times New Roman" gedruckt erschien. Zur Herstellung der Schrift wurden Verträge mit den Firmen Monotype Corp. und Linotype Ltd. geschlossen, die es erlaubten die Schrift nach einem Jahr für die freie Nutzung anderen Druckereien zur Verfügung zu stellen.

Das **Barockzeitalter** in Kunst und Architektur

Plakat 2: Walbaum (Klassizismus)

ABCDEF GHIJKL MNOPQR STUVWX YZ?

Diese klassizistische Schrift Walbaum ist die letzte Druckschrift, deren Name nach der kulturgeschichtlichen Epoche benannt wurde, in der sie entstanden ist. Durch ihre deutlichen Strichstärkenunterschiede, die senkrechte Achse, die daraus resultierende vertikale Orientierung der Zeichenform strahlen diese klassischen Schriften eine hohe Eleganz, Klarheit und statische Ruhe aus.

Die Epoche des Klassizismus in Kunst und Architektur: etwa von 1770 – 1830.

Practice – Lehrerband

P07 Bildkalender

Ü1 Vierteljahres-Bildkalender erstellen • S. 307

- Übungsdatei ⊙ aus dem Ordner P07_Bildkalender oder
- Eigene Bilder
- Beamer und Visualizer zur Besprechung im Plenum
- Computerarbeitsplätze mit InDesign oder Scribus, Photoshop oder GIMP
- Farbdrucker
- Internetanschluss
- Kalender als Anschauungsmaterial

Methodisch-didaktische Hinweise

- Die Bearbeitungsdauer ist vom Freiheitsgrad abhängig.
    - Sie geben das Thema, das Layout und die Bilder vor, Dauer je nach Vorkenntnissen mit Präsentation und Besprechung ca. 1 - 2 Tage
- Themengleiche Gruppenarbeit. Die Aufgaben der Gruppenmitglieder in den Gruppen sollten eindeutig zugeordnet sein. Mögliche Aufgabenbereiche sind bei fünf Gruppenmitgliedern:
    - Konzeption und Gestaltung
    - Layouterstellung und Realisierung
    - Fotografie
    - Bildbearbeitung
    - Projektmanagement
- Es besonders wichtig darauf zu achten, dass sich die Lernenden nicht nur in den Bereichen in denen sie eh schon stark sind einbringen, sondern vielmehr alle Gruppenmitglieder die für die Lösung der Aufgabe notwendigen Kompetenzen erwerben.

Vertiefung

- Designvariationen für verschiedene Kalenderthemen und Zielgruppen
- Variation der technischen Parameter wie Farbanzahl, Druckverfahren, Veredelungstechniken und Druckweiterverarbeitung

P07 – Bildkalender

Practice – Lehrerband

 Ü2 12-Monats-Bildkalender erstellen • S. 313

- Übungsdateien ⊙ aus dem Ordner P07_Bildkalender oder
- Eigene Bilder
- Beamer und Visualizer zur Besprechung im Plenum
- Computerarbeitsplätze mit InDesign oder Scribus, Photoshop oder GIMP
- Farbdrucker
- Internetanschluss
- Kalender als Anschauungsmaterial

 Methodisch-didaktische Hinweise

- Die Bearbeitungsdauer ist vom Freiheitsgrad abhängig.
  - Variante 1: Sie geben das Thema, das Layout und die Bilder vor, die Bilderfolge und die Bildausschnitte sind dabei frei wählbar; Dauer je nach Vorkenntnissen mit Präsentation und Besprechung ca. 1 - 2 Tage
  - Variante 2: Sie geben ein freies Thema und das maximale Druckformat vor, die Erarbeitung in Projektgruppen mit 4 bis 5 Mitgliedern; Dauer mit Präsentation und Besprechung ca. 5 Tage
- Themengleiche Gruppenarbeit. Die Aufgaben der Gruppenmitglieder in den Gruppen sollten eindeutig zugeordnet sein. Mögliche Aufgabenbereiche sind bei fünf Gruppenmitgliedern:
  - Konzeption und Gestaltung
  - Layouterstellung und Realisierung
  - Fotografie
  - Bildbearbeitung
  - Projektmanagement
- Es besonders wichtig darauf zu achten, dass sich die Lernenden nicht nur in den Bereichen in denen sie eh schon stark sind einbringen, sondern vielmehr alle Gruppenmitglieder die für die Lösung der Aufgabe notwendigen Kompetenzen erwerben.

 Vertiefung

- Designvariationen für verschiedene Kalenderthemen und Zielgruppen
- Variation der technischen Parameter wie Farbanzahl, Druckverfahren, Veredelungstechniken und Druckweiterverarbeitung

P07 – Bildkalender

Herbstimpressionen 2020

September
1 2 3 4 5 **6** 7 8 9 10 11 12 **13** 14 15 16 17 18 19 **20** 21 22 23 24 25 26 **27** 28 29 30

Herbstimpressionen 2020

Blindtext: Weit hinten, hinter den Wortbergen, fern der Länder Vokalien und Konsonantien leben die Blindtexte. Abgeschieden wohnen Sie in Buchstabhausen an der Küste des Semantik, eines großen Sprachozeans.

P08 Sechsseitiger Flyer

Ü1 Flyer DIN-lang nach Vorgaben erstellen • S. 316

- Übungsdateien ⊙ aus dem Ordner P08_Sechseitiger_Flyer oder
- Eigene Bilder
- Beamer und Visualizer zur Besprechung im Plenum
- Computerarbeitsplätze mit InDesign oder Scribus, Photoshop oder GIMP
- Farbdrucker
- Internetanschluss
- Flyer als Anschauungsmaterial

Methodisch-didaktische Hinweise

- Die Bearbeitungsdauer ist vom Freiheitsgrad abhängig.
- Sie geben das Thema, das Layout und die Bilder vor, Dauer je nach Vorkenntnissen mit Präsentation und Besprechung ca. 4 Stunden
- Themengleiche Gruppenarbeit.
- Der Wechsel der Falzung vom Wickelfalz zum Zick-Zack-Falz hat direkten Einfluss auf die Seitenfolge und somit die Strukturierung des Inhalts des Flyers. Dies ist neben den technischen Besonderheiten ein wichtiger Aspekt bei der Flyerkonzeption und Gestaltung.
- Es besonders wichtig darauf zu achten, dass sich die Lernenden nicht nur in den Bereichen in denen sie ohnehin schon stark sind einbringen, sondern vielmehr alle Gruppenmitglieder die für die Lösung der Aufgabe notwendigen Kompetenzen erwerben.

Vertiefung

- Designvariationen für verschiedene Zielgruppen
- Variation der technischen Parameter wie Farbanzahl, Druckverfahren, Veredelungstechniken

P08 – Sechsseitiger Flyer

Kopfzeile – Seite 5

Überschrift

Worden und alles, was von ihrem Ursprung noch übrig wäre, sei das Wort. Weit hinten, hinter den Wortbergen, fern der Länder Vokalien und Konsonantien leben die Blindtexte. Abgeschieden wohnen Sie in Buchstabhausen an der Küste des Semantik, eines großen Sprachozeans.

Ein kleines Bächlein namens Duden fließt durch ihren Ort und versorgt sie mit den nötigen Regelialien. Es ist ein paradiesmatisches Land, in dem

Kopfzeile – Seite 6

[Lageplan]

Informationen – Öffnungszeiten und mehr
Unterwegs traf es eine Copy. Unterwegs traf es eine Copy. Unterwegs traf es eine Copy.

Überschrift
Unterwegs traf es eine Copy.
Unterwegs traf es eine Copy.

Überschrift
Unterwegs traf es eine Copy.
Unterwegs traf es eine Copy.

Überschrift
Unterwegs traf es eine Copy. Unterwegs traf es eine Copy. Unterwegs traf es eine Copy. Unterwegs traf es eine Copy. Unterwegs traf es eine Copy. Unterwegs traf es eine Copy. Unterwegs traf es eine Copy. Unterwegs traf es eine Copy. Unterwegs traf es eine Copy.

Weit hinten, hinter den Wortbergen, fern der Länder Vokalien und Konsonantien leben die Blindtexte. Abgeschieden wohnen Sie in Buchstabhausen an der Küste des Semantik, eines großen Sprachozeans.

Kopfzeile – Seite 2

Ein kleines Bächlein namens Duden fließt durch ihren Ort und versorgt sie mit den nötigen Regelialien. Es ist ein paradiesmat

Weit hinten, hinter den Wortbergen, fern der Länder Vokalien und Konsonantien leben die Blindtexte. Abgeschieden wohnen Sie in Buchstabhausen an der Küste des Semantik, eines großen Sprachozeans.

Überschrift

Ein kleines Bächlein namens Duden fließt durch ihren Ort und versorgt sie mit den nötigen Regelialien. Es ist ein paradiesmatisches Land, in dem einem gebratene Satzteile in den Mund fliegen.

Nicht einmal von der allmächtigen Interpunktion werden die Blindtexte beherrscht – ein geradezu unorthographisches Leben. Eines Tages aber beschloß eine kleine Zeile Blindtext, ihr Name war Lorem Ipsum, hinaus zu gehen in die weite Grammatik.

Der große Oxmox riet ihr davon ab, da es dort wimmele von bösen Kommata, wilden Fragezeichen und hinterhältigen Semikoli, doch das Blindtextchen ließ sich nicht beirren. Es packte seine sieben Versalien, schob sich sein Initial in den Gürtel und machte sich auf den Weg.

Als es die ersten Hügel des Kursivgebirges erklommen hatte, warf es einen letzten Blick zurück auf die Skyline seiner Heimatstadt Buchstabhausen, die Headline von Alphabetdorf und die Subline seiner eigenen Straße, der Zeilengasse. Wehmütig lief ihm eine

Kopfzeile – Seite 3

rethorische Frage über die Wange, dann setzte es seinen Weg fort.

Überschrift

Unterwegs traf es eine Copy. Die Copy warnte das Blindtextchen, da, wo sie herkäme wäre sie zigmal umgeschrieben worden und alles, was von ihrem Ursprung noch übrig wäre, sei das Wort „und" und das Blindtextchen solle umkehren und wieder in sein eigenes, sicheres Land zurückkehren.

Doch alles Gutzureden konnte es nicht überzeugen und so dauerte es nicht lange, bis ihm ein paar heimtückische Werbetexter auflauerten, es mit Longe und Parole betrunken machten und es dann in ihre Agentur schleppten, wo sie es für ihre Projekte wieder und wieder mißbrauchten. Und wenn es nicht umgeschrieben wurde, dann benutzen Sie es immernoch.

Weit hinten, hinter den Wortbergen, fern der Länder Vokalien und Konsonantien leben die Blindtexte. Abgeschieden wohnen Sie in Buchstabhausen an der

Kopfzeile – Seite 4

Küste des Semantik, eines großen Sprachozeans. Ein kleines Bächlein namens Duden fließt durch ihren Ort und versorgt sie mit den nötigen Regelialien.

Ein kleines Bächlein namens Duden fließt durch ihren Ort und versorgt sie mit den nötigen Regelialien. Es ist ein paradiesmat

Es ist ein paradiesmatisches Land, in dem einem gebratene Satzteile in den Mund fliegen. Nicht einmal von der allmächtigen Interpunktion werden die Blindtexte beherrscht – ein geradezu unorthographisches Leben. Eines Tages aber beschloß eine kleine Zeile Blindtext, ihr Name war Lorem Ipsum, hinaus zu gehen in die weite Grammatik.

Überschrift

Der große Oxmox riet ihr davon ab, da es dort wimmele von bösen Kommata, wilden Fragezeichen und hinterhältigen Semikoli, doch das Blindtextchen ließ sich nicht beirren. Es packte seine sieben Versalien, schob sich sein Initial in den Gürtel und machte sich auf den Weg.

Als es die ersten Hügel des Kursivgebirges erklommen hatte, warf es einen letzten Blick zurück auf die Skyline seiner Heimatstadt Buchstabhausen, die Headline von Alphabetdorf und die Subline seiner eigenen Straße, der Zeilengasse. Wehmütig lief ihm eine rethorische Frage über die Wange, dann setzte es seinen Weg fort. Unterwegs traf es eine Copy. Die Copy warnte das Blindtextchen, da, wo sie herkäme wäre sie zigmal umgeschrieben.

Ü2 Flyer DIN-lang mit Zick-Zack-Falz erstellen • S. 323

- Übungsdateien ⊙ aus dem Ordner P08_Sechseitiger_Flyer oder
- Eigene Bilder
- Beamer und Visualizer zur Besprechung im Plenum
- Computerarbeitsplätze mit InDesign oder Scribus, Photoshop oder GIMP
- Farbdrucker
- Internetanschluss
- Flyer als Anschauungsmaterial

 Methodisch-didaktische Hinweise

- Die Bearbeitungsdauer ist vom Freiheitsgrad abhängig.
  - Variante 1: Sie geben das Thema, das Layout und die Bilder vor, Dauer je nach Vorkenntnissen mit Präsentation und Besprechung ca. 4 Stunden
  - Variante 2: Sie geben ein freies Thema vor, die Erarbeitung in Projektgruppen mit 4 bis 5 Mitgliedern; Dauer mit Präsentation und Besprechung ca. 2 Tage
- Themengleiche Gruppenarbeit. Die Aufgaben der Gruppenmitglieder in den Gruppen sollten eindeutig zugeordnet sein. Mögliche Aufgabenbereiche sind bei fünf Gruppenmitgliedern:
  - Konzeption und Gestaltung
  - Layouterstellung und Realisierung
  - Fotografie
  - Bildbearbeitung
  - Projektmanagement.
- Der Wechsel der Falzung vom Wickelfalz zum Zick-Zack-Falz hat direkten Einfluss auf die Seitenfolge und somit die Strukturierung des Inhalts des Flyers. Dies ist neben den technischen Besonderheiten ein wichtiger Aspekt bei der Flyerkonzeption und Gestaltung.
- Es besonders wichtig darauf zu achten, dass sich die Lernenden nicht nur in den Bereichen in denen sie eh schon stark sind einbringen, sondern vielmehr alle Gruppenmitglieder die für die Lösung der Aufgabe notwendigen Kompetenzen erwerben.

 Vertiefung

- Designvariationen für verschiedene Zielgruppen
- Variation der technischen Parameter wie Farbanzahl, Druckverfahren, Veredelungstechniken

P08 – Sechsseitiger Flyer

Kopfzeile – Seite 4

Überschrift

Küste des Semantik, eines großen Sprachozeans. Ein kleines Bächlein namens Duden fließt durch ihren Ort und versorgt sie mit den nötigen Regelialien.

Es ist ein paradiesmatisches Land, in dem einem gebratene Satzteile in den Mund fliegen. Nicht einmal von der allmächtigen Interpunktion werden die Blindtexte beherrscht – ein geradezu unorthographisches Leben. Eines Tages aber beschloß eine kleine Zeile Blindtext, ihr Name war Lorem Ipsum, hinaus zu gehen in die weite Grammatik.

Überschrift

Der große Oxmox riet ihr davon ab, da es dort wimmele von bösen Kommata, wilden Fragezeichen und hinterhältigen Semikoli, doch das Blindtextchen ließ sich nicht beirren. Es packte seine sieben Versalien, schob sich sein Initial in den Gürtel und machte sich auf den Weg.

Als es die ersten Hügel des Kursivgebirges erklommen hatte, warf es einen letzten Blick zurück auf die Skyline seiner Heimatstadt Buchstabhausen, die Headline von Alphabetdorf und die Subline seiner eigenen Straße, der Zeilengasse. Wehmütig lief ihm eine rethorische Frage über die Wange, dann setzte es seinen Weg fort. Unterwegs traf es eine Copy. Die Copy warnte das Blindtextchen, da, wo sie herkäme wäre

Ein kleines Bächlein namens Duden fließt durch ihren Ort und versorgt sie mit den nötigen Regelialien. Es ist ein paradiesmat

Kopfzeile – Seite 5

Überschrift

Worden und alles, was von ihrem Ursprung noch übrig wäre, sei das Wort. Weit hinten, hinter den Wortbergen, fern der Länder Vokalien und Konsonantien leben die Blindtexte. Abgeschieden wohnen Sie in Buchstabhausen an der Küste des Semantik, eines großen Sprachozeans.

Ein kleines Bächlein namens Duden fließt durch ihren Ort und versorgt sie mit den nötigen Regelialien. Es ist ein paradiesmatisches Land, in dem

Weit hinten, hinter den Wortbergen, fern der Länder Vokalien und Konsonantien leben die Blindtexte. Abgeschieden wohnen Sie in Buchstabhausen an der Küste des Semantik, eines großen Sprachozeans.

Kopfzeile – Seite 2

Ein kleines Bächlein namens Duden fließt durch ihren Ort und versorgt sie mit den nötigen Regelialien. Es ist ein paradiesmat

Weit hinten, hinter den Wortbergen, fern der Länder Vokalien und Konsonantien leben die Blindtexte. Abgeschieden wohnen Sie in Buchstabhausen an der Küste des Semantik, eines großen Sprachozeans.

Überschrift

Ein kleines Bächlein namens Duden fließt durch ihren Ort und versorgt sie mit den nötigen Regelialien. Es ist ein paradiesmatisches Land, in dem einem gebratene Satzteile in den Mund fliegen.

Nicht einmal von der allmächtigen Interpunktion werden die Blindtexte beherrscht – ein geradezu unorthographisches Leben. Eines Tages aber beschloß eine kleine Zeile Blindtext, ihr Name war Lorem Ipsum, hinaus zu gehen in die weite Grammatik.

Der große Oxmox riet ihr davon ab, da es dort wimmele von bösen Kommata, wilden Fragezeichen und hinterhältigen Semikoli, doch das Blindtextchen ließ sich nicht beirren. Es packte seine sieben Versalien, schob sich sein Initial in den Gürtel und machte sich auf den Weg.

Als es die ersten Hügel des Kursivgebirges erklommen hatte, warf es einen letzten Blick zurück auf die Skyline seiner Heimatstadt Buchstabhausen, die Headline von Alphabetdorf und die Subline seiner eigenen Straße, der Zeilengasse. Wehmütig lief ihm eine

Kopfzeile – Seite 3

rethorische Frage über die Wange, dann setzte es seinen Weg fort.

Überschrift

Unterwegs traf es eine Copy. Die Copy warnte das Blindtextchen, da, wo sie herkäme wäre sie zigmal umgeschrieben worden und alles, was von ihrem Ursprung noch übrig wäre, sei das Wort „und" und das Blindtextchen solle umkehren und wieder in sein eigenes, sicheres Land zurückkehren.

Doch alles Gutzureden konnte es nicht überzeugen und so dauerte es nicht lange, bis ihm ein paar heimtückische Werbetexter auflauerten, es mit Longe und Parole betrunken machten und es dann in ihre Agentur schleppten, wo sie es für ihre Projekte wieder und wieder mißbrauchten. Und wenn es nicht umgeschrieben wurde, dann benutzen Sie es immernoch.

Weit hinten, hinter den Wortbergen, fern der Länder Vokalien und Konsonan

Kopfzeile – Seite 6

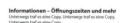

[Lageplan]

Informationen – Öffnungszeiten und mehr
Unterwegs traf es eine Copy. Unterwegs traf es eine Copy.
Unterwegs traf es eine Copy.

Überschrift
Unterwegs traf es eine Copy.
Unterwegs traf es eine Copy.

Überschrift
Unterwegs traf es eine Copy.
Unterwegs traf es eine Copy.

Überschrift
Unterwegs traf es eine Copy. Unterwegs traf es eine Copy. Unterwegs traf es eine Copy. Unterwegs traf es eine Copy. Unterwegs traf es eine Copy. Unterwegs traf es eine Copy. Unterwegs traf es eine Copy. Unterwegs traf es eine Copy.

P09 Schulzeitung

 Ü1 Titelseite für Schulzeitung nach Vorgabe gestalten und erstellen • S. 329

- Übungsdateien im Ordner ⊙ p09_schulzeitung
- Selbst geschriebene Texte z. B. aus dem Deutschunterricht
- Selbst fotografiertes Bildmaterial oder Bilder aus freien Bilddatenbanken
- Computer mit InDesign oder Scribus und Photoshop oder GIMP
- A4- oder A3-Laserdrucker zur Druckausgabe
- Beamer zur Demonstration und Besprechung im Plenum

 Methodisch-didaktische Hinweise

- Konzeption, Besprechungen und technische Umsetzung ca. 8 Stunden.
- Die Konzeption und Erstellung einer Schulzeitung ist ein komplexer Prozess, der rechtzeitig als Teamprojekt geplant werden muss. Es bietet sich an, das Hauptthema der Zeitung mit einer Klassenfahrt zu verbinden, um Texte und Bilder durch die Lernenden zu erstellen. Dadurch sind keine urheberrechtlichen Probleme zu erwarten, da Text- und Bildrechte bei der Schule liegen.
- Ein übergreifendes Arbeiten mit den Fächern Deutsch, Englisch, Medientechnik bzw. Computertechnik muss inhaltlich und durch genaue Aufgabenstellungen hinsichtlich der Texte und Bilder abgestimmt werden. Es ist vor allem darauf zu achten, dass Texte und Bilder in vorgegebenen Dateiformaten termingerecht für die technische Umsetzung zur Verfügung stehen.
- Die Gestaltung der Zeitung kann mit Blindtext und Dummybildern durchgeführt werden. Dies ist in Abbildung **A** und **C** (bei Ü2) gut zu erkennen.
- Die Abbildungen **B** und **D** (bei Ü2) zeigen Seiten mit selbst erstellten Texten und Bildern, die Abbildungen **C** und **D** auf der folgenden Seite zu Ü2 zeigen jeweils eine passende Innenseite zu den abgebildeten Titelseiten.
- Das Befüllen einer bereits gestalteten Zeitungsseite mit realem Text ist für die Lernenden als Sprachübung zu bewältigen. Sie üben dabei das sinnvolle Kürzen oder Erweitern eines layoutbezogenen Textes. Ebenso wird die Auswahl eines geeigneten Bildes sowie die Festlegung eines Bildausschnittes passend zum einzelnen Artikel eingeübt.
- Jede fertige Seite muss von dem Arbeitsteam, das für die Seite verantwortlich ist, mit fehlerfreier Rechtschreibung vorgestellt werden. Dabei ist eine Begründung für die jeweilige Seitengestaltung gefordert.
- Lassen Sie die Lernenden mittels einer Punktabfrage die beste Titelseite auswählen.

 Vertiefung

- Bei der Herausgabe einer Schulzeitung muss der Schulleiter als Vertreter der Schule nach außen im Impressum aufgeführt werden. Besprechen Sie daher frühzeitig mit Ihrer Schulleitung ein solches Zeitungsprojekt, da dies auch der Öffentlichkeitsarbeit einer Schule dient.
- Planen Sie früh, wo das Impressum stehen soll.

P09 – Schulzeitung

Practice – Lehrerband

 Ü2 Innenseiten für Zeitung nach Vorgabe gestalten und erstellen • S. 336

- Übungsdateien im Ordner ⊙ p09_schulzeitung
- Selbst geschriebene Texte z. B. aus dem Deutschunterricht
- Selbst fotografiertes Bildmaterial oder Bilder aus freien Bilddatenbanken
- PC mit InDesign oder Scribus und Photoshop oder GIMP
- A4- oder A3-Laserdrucker zur Druckausgabe
- Beamer zur Demonstration und Besprechung im Plenum

 Methodisch-didaktische Hinweise

- Konzeption, Besprechungen und technische Umsetzung ca. 6 Stunden.
- Bei der Konzeption der Innenseiten können allgemein interessierende Themen aus dem Schulalltag als Innenseiten konzipiert und gestaltet werden.
- Es ist für die Lernenden leichter, wenn eine Zeitungsseite mit Blindtext und Musterbildern gestaltet wird, da die Form der Zeitung dabei im Vordergrund steht. Vor allem bei der Gestaltung von Doppelseiten ist ein Layout mit Blindtext hilfreich, da die Seiten dann auch optisch passend zueinander aufbereitet werden können.
- Das Befüllen einer bereits gestalteten Zeitungsseite mit realem Text ist für die Lernenden als Gestaltungs- und Textübung zu bewältigen. Sie lernen dabei das sinnvolle Kürzen oder Erweitern eines layoutbezogenen Textes. Ebenso wird die Auswahl eines geeigneten Bildes sowie die Festlegung eines Bildausschnittes passend zum einzelnen Artikel eingeübt.
- Jede fertige Seite muss von dem Arbeitsteam, das für die Seite verantwortlich ist, mit fehlerfreier Rechtschreibung vorgestellt werden. Dabei ist eine Begründung für die jeweilige Seitengestaltung gefordert.
- Lassen Sie die Lernenden mittels einer Punktabfrage die beste Zeitung auswählen. Publizieren und vertreiben Sie diese Zeitung für Ihre Schule.

 Vertiefung

- Die Aufgabe kann in der Form erweitert werden, dass für eine Schule die Herausgabe einer ständigen Schulzeitung geplant werden kann. Nach einem erfolgreich durchgeführten Zeitungsprojekt werden sich in der Regel für ein solches Vorhaben Lernende finden.
- Es ist für ein solches Vorhaben eine langfristig tragfähige Konzeption zu entwickeln, damit mindest eine Ausgabe pro Jahr erscheinen kann – besser wären zwei Zeitungen pro Schuljahr.

P09 – Schulzeitung

Ausgabe 02 – 2012 — MODELLBAU am TG — Spieker – 3

Subheadline 14 bis 18 Pt

Im volores tistibu sdandus, omnit, ipiendis videmporrum voluptat ipis reptae por aped Lorum etur sim volesedi corporia dolorerum, eaqui res aut et et quas explani minvend itatae. Ita poriate ditatur a conserupis eiusdaecta pa im inciis ni con esti il maximpos evero cupiet evel magnistium a sam fuga. Cab isci aborum doluptaesi eium re, sum ut am quodit audi sumqui ressect uscipiciis seriore rionsNequo blatemquate es et quis verumIdus quo ipis eicabo. Et eture netur, intur? Natio. Nam escium re, tem ullaudam venis apicient, tem faccum evel istem id es ipidelis dolupta quatqui doluptam rerovid que volescil illest repedi del imperibus solectores evenis explabo. Am ad

Subheadline 14 bis 18 Pt

Im volores tistibu sdandus, omnit, ipiendis videmporrum voluptat ipis reptae por aped Lorum etur sim volesedi corporia dolorerum, eaqui res aut et et quas explani minvend itatae. Ita poriate ditatur a conserupis eiusdaecta pa im inciis ni con esti il maximpos evero cupiet evel magnistium a sam fuga. Cab isci aborum doluptaest eium re, sum ut am quodit audi sumqui ressect uscipiciis seriore rionsNequo blatemquate es et quis verumIdus quo ipis eicabo. Et eture netur, intur?

News in aller Kürze...

Reutlingen: sumqui ressect uscipiciis seriore rionsNequo Bgdsstunmieno.
Stuttgart: sumqui ressect uscipiciis seriore rions Nequo Hoehringo.
Freiburg: sumqui ressect uscipiciis seriore rionsNequo Blieduciat. Um verchit eosam it vellesto summo con.

Die Aufmacherheadline zweispaltig in 20 bis 24 Pt Schriftgröße gesetzt

Lecae dolut acculles nis quiae officil ende nosandi cus sum de nam autat ditius, culland ipsanda nonemo des volupti atiuribustia il inusaest, tem reperum simi, untiis min eos dis venectem venem ligent, omnihil itaquat iosaes eic to consequid moloreperum volorro con cus elis inctur aut et ped quibusciene de quas aut poritae eium aut eosapero verum liquatquia aborerii odita nustiur? Quis et abor aut volupta eperro tem anditae ptibusto et voles et reperro quia doluptibusa deriatures molo idelitat qui tectem fugiatumet voloratume rerum reptate sincien daector ionsecabo. Nem eost adipsunt eum quatiae volessi magnis aut officem

Bildunterschrift Grundschrift - 1 p kursiv möglichst vollständig unter das ganze Bild setzen.

eostisciis eos aborporem qui optatem porporis nos ea volenem quidis sequis ratiaspe res eventi as inverrovitem nia im nobitatem eiur?

Otae non prest pora qui venisquo voloro beratiaero iunt verehenimini aditatq uuntia quo quia dolut quat quam il endae net eosaectate ad etur aute nus eruptium es rerione expla que parcim el inciat ent quod quiant, quia voloribus, quo tori comnien dissim sit magnimp orerfer ovitae pro voluptaqui core idellaut utOccusapicia que remperu mquibus dolent.

Di ute nos mod experum fugia con pra neste veleseq uodist et, conecta diatus eatur, ullab ipsum quassim olupti aut eatus.

Uci conse dolupis etur? Qui ommoditas etur? Sed que nem libusdae soluptatem eostruntio voluptat faciis et idebis etur

Subheadline 14 bis 18 Pt

entis minullab ide qui ium vendus. Tiorrum adi as atem solorem aut etur? Intotae et et Anditasperem sequiat moluptat quuntion comniae eossi utent doluptur simporectur? Upit incillit quos nessi optae. Et omnimint. Porrovidic totam vella dolentur minihil idebit, occus eicae doluptas eossed modi cus excestio doluptat ut doluptia sin ellabor esciant fuga. Nam nitaqui re et quuntiur rerunt, corit haruptur aut volorem et lam doluptaes sequid. Molorem consed ut velitiorem iur, voluptas plibus, is mo occus exp

Subheadline 14 bis 18 Pt

entis minullab ide qui ium vendus. Tiorrum adi as atem solorem aut etur? Intotae et et Anditasperem sequiat moluptat quuntion comniae eossi utent doluptur simporectur? Upit incillit quos nessi optae. Et omnimint. Porrovidic totam vella dolentur minihil idebit, occus eicae doluptas eossed modi cus excestio doluptat ut doluptia sin ellabor esciant fuga. Nam nitaqui re et quuntiur rerunt, corit haruptur aut volorem et lam doluptaes sequid. Odit, sint enis dolorehene venis elessed et, omniat qui utas si doluptam,

---

DER SPICKER — - 3 - — 28.06.2012

Deutschland bekannteste Porzellanherstellungsfabrik in Sachsen

Meißner Porzellan

Meißener Porzellan (Handelsmarke: Meissener Porzellan) ist Porzellan aus der ersten europäischen und im 18. Jahrhundert lange Zeit führenden Manufaktur, die von ihrer Gründung bis zum Jahr 1863 auf der Albrechtsburg in Meißen, dann in einem eigenen Werk produzierte.

1710 von August dem Starken als „Königlich-Polnische und Kurfürstlich-Sächsische Porzellan-Manufaktur" gegründet, ging sie 1806 als „Königlich-Sächsische Porzellan-Manufaktur Meissen" aus dem Besitz der Krone in das Eigentum des sächsischen Fiskus über. Im Zuge der verfassungsmäßigen Erneuerung des staatlichen Eigentums nannte sich das Unternehmen ab 1918 „Staatliche Porzellan-Manufaktur Meissen".

In der DDR war die Manufaktur ein Volkseigener Betrieb. Seit dem 26. Juni 1991 firmiert sie als „Staatliche Porzellan-Manufaktur Meissen GmbH", deren Gesellschafter der Freistaat Sachsen ist. Die weltweit führende Porzellanmanufaktur gehört zu den international bekanntesten deutschen Luxusmarken.

Zum Symbol für die Manufaktur sind die gekreuzten Schwerter geworden. Die Schwertermarke hatte sich ab 1731, als alle Porzellane aus Meißen mit einer Marke versehen sein mussten, gegen die AR-Marke („Augustus Rex") und den Merkurstab durchgesetzt. Zur Kennzeichnung qualitativ nur bedingt brauchbarer Ware, aber auch zur Kennzeichnung sogenannter Weißware werden nach

der Glasur an den Schwertermarken Schleifstriche angebracht. Die ersten Markierungen dieser Art sind auf Teilen aus der Zeit um 1764 zu finden. Meißen liegt in Sachsen, 25 km nordwestlich von Dresden entfernt. Durch die Stadt fließt die Elbe.
Die Stadt ist bekannt für sein Porzellan und sein Wein. Genannt wird sie auch als die „Wiege Sachsens". Eine sehenswürdige Stadt.

Museum

Die Staatliche Porzellan-Manufaktur Meissen GmbH unterhält ein firmeneigenes Museum inklusive Schauwerkstatt und Besucherzentrum, das bereits 1916 als Schauhalle der Manufaktur eröffnet worden war. Hier werden Meißener Porzellane von 1710 bis in die Gegenwart chronologisch geordnet gezeigt, um die gestalterische Entwicklung der verschiedenen Epochen zu verdeutlichen.

Öffnungszeiten
Ganzjährig geöffnet: Montag bis Sonntag
9:00 – 18:00 Uhr (1.5.-31.10.)
9:00 – 17:00 Uhr (1.11.-30.4.)
10:00 – 16:00 Uhr (31.12. und 1.1.)

P10 Freecards

 Ü1 Freecard-Bildkartenserie nach Vorgaben erstellen • S. 340

- Übungsdateien ⊙ aus dem Ordner P10_Freecards oder
- Eigene Bilder
- Beamer und Visualizer zur Besprechung im Plenum
- Computerarbeitsplätze mit InDesign oder Scribus, Photoshop oder GIMP
- Farbdrucker
- Freecards als Anschauungsmaterial

 Methodisch-didaktische Hinweise

- Dauer mit Besprechung ca. 8 Stunden
- Sie geben das Thema, das Layout und die Bilder vor
- Einzel- oder Partnerarbeit
- Die Übung umfasst alle Schritte des Workflows, von der Konzeption bis zum druckfertigen PDF und Handmuster. Jeder Schritte muss mit einem Teilprodukt abgeschlossen und besprochen werden.
- Von der Kartenserie müssen die Vorder-und Rückseiten erstellt werden. Die Rückseite ist für allen Karten gleich.

 Vertiefung

- Designvariationen für verschiedene Themen und Zielgruppen
- Variation der technischen Parameter wie Farbanzahl, Druckverfahren und Veredelungstechniken

P10 – Freecards

Practice – Lehrerband

 Ü2 Eigene Freecard-Bildkartenserie erstellen • S. 347

- Übungsdateien aus dem Ordner P10_Freecards oder
- Eigene Grafiken
- Beamer und Visualizer zur Besprechung im Plenum
- Computerarbeitsplätze mit InDesign oder Scribus, Photoshop oder GIMP, Illustrator oder Inkscape
- Farbdrucker
- Freecards als Anschauungsmaterial

 Methodisch-didaktische Hinweise

- Dauer mit Besprechung ca. 6 Stunden
- Sie geben ein freies Thema vor
- Die Lernenden können das Thema mit eigenen Fotografien oder auch selbst erstellten Grafiken umsetzen. In unserem Beispiel besteht die Serie aus einfachen typografischen Darstellungen von Komplementärfarbenpaaren. Die Darstellung wirkt auf den Betrachter irritierend, da der Farbname mit der Komplementärfarbe zu Farbfläche angelegt wurde.
- Einzel- oder Partnerarbeit
- Die Übung umfasst alle Schritte des Workflows, von der Konzeption bis zum druckfertigen PDF und Handmuster. Jeder Schritte muss mit einem Teilprodukt abgeschlossen und besprochen werden.
- Von der Kartenserie müssen die Vorder- und Rückseiten erstellt werden. Die Rückseite ist für allen Karten gleich.

Vertiefung

- Designvariationen für verschiedene Themen und Zielgruppen
- Variation der technischen Parameter wie Farbanzahl, Druckverfahren und Veredelungstechniken

P10 – Freecards

P11 Booklet

 Ü1 Booklet mit 2-Bruch-Kreuzfalzung erstellen • S. 349

- Übungsdateien ⊙ aus dem Ordner P11_Booklet oder
- Eigene Bilder
- Beamer und Visualizer zur Besprechung im Plenum
- Computerarbeitsplätze mit InDesign oder Scribus, Photoshop oder GIMP
- Farbdrucker
- Booklets als Anschauungsmaterial

 Methodisch-didaktische Hinweise

- Die Bearbeitungsdauer ist vom Freiheitsgrad abhängig.
  - Variante 1: Sie geben das Thema, das Layout und die Bilder vor, Dauer je nach Vorkenntnissen mit Präsentation und Besprechung ca. 5 Stunden
  - Variante 2: Sie geben ein freies Thema vor, die Erarbeitung in Projektgruppen mit 4 bis 5 Mitgliedern; Dauer mit Präsentation und Besprechung ca. 2 Tage
- Themengleiche Gruppenarbeit. Die Aufgaben der Gruppenmitglieder in den Gruppen sollten eindeutig zugeordnet sein. Mögliche Aufgabenbereiche sind bei fünf Gruppenmitgliedern:
  - Konzeption und Gestaltung
  - Layouterstellung und Realisierung
  - Fotografie
  - Bildbearbeitung
  - Projektmanagement
- Die Übung umfasst alle Schritte des Workflows, von der Konzeption bis zum druckfertigen PDF und Handmuster. Jeder Schritte muss mit einem Teilprodukt abgeschlossen und besprochen werden.
- Es besonders wichtig darauf zu achten, dass sich die Lernenden nicht nur in den Bereichen in denen sie eh schon stark sind einbringen, sondern vielmehr alle Gruppenmitglieder die für die Lösung der Aufgabe notwendigen Kompetenzen erwerben.

 Vertiefung

- Designvariationen für verschiedene Inhalte und Zielgruppen
- Variation der technischen Parameter wie Farbanzahl, Druckverfahren und Druckweiterverarbeitung

P11 – Booklet

äußere Form

Geschichte der Burg Ritterstolz
Lorem ipsum dolor sit amet, consectetuer adipiscing elit. Aenean commodo ligula eget dolor. Aenean massa. Cum sociis natoque penatibus et magnis dis parturient montes, nascetur ridiculus mus. Donec quam felis, ultricies nec, pellentesque eu, pretium quis, sem. Nulla consequat massa quis enim.
Donec pede justo, fringilla vel, aliquet nec, vulputate eget, arcu. In enim justo, rhoncus ut, imperdiet a, venenatis vitae, justo. Nullam dictum felis eu pede mollis pretium. Integer tincidunt. Cras dapibus. Vivamus elementum semper nisi. Aenean vulputate eleifend tellus. Aenean leo ligula, porttitor eu, consequat vitae, eleifend ac, enim. Aliquam lorem ante, dapibus in, viverra quis, feugiat a, tellus. Phasellus viverra nulla ut metus varius laoreet. Quisque rutrum. Aenean imperdiet. Etiam ultricies nisi vel augue. Curabitur ullamcorper ultricies nisi. Nam eget dui. Etiam rhoncus.
Maecenas tempus, tellus eget condimentum rhoncus, sem quam semper libero, sit amet adipiscing sem neque sed ipsum. Nam quam nunc, blandit vel, luctus pulvinar, hendrerit id, lorem. Maecenas nec odio et ante tincidunt tempus. Donec vitae sapien ut libero venenatis faucibus. Nullam quis ante. Etiam sit amet orci eget eros faucibus tincidunt. Duis leo. Sed fringilla mauris sit amet nibh. Donec sodales sagittis magna. Sed consequat, leo eget bibendum sodales, augue velit cursus nunc, quis gravida magna mi a libero. Fusce vulputate eleifend sapien. Vestibulum purus quam, scelerisque ut, mollis sed, nonummy id, metus.

Zeittafel
1050 Lorem ipsum dolor sit amet
1230 Lorem ipsum dolor sit amet
1457 Lorem ipsum dolor sit amet
1628 Lorem ipsum dolor sit amet
1640 Lorem ipsum dolor sit amet
1750 Lorem ipsum dolor sit amet
1871 Lorem ipsum dolor sit amet
2012 Lorem ipsum dolor sit amet

Nullam accumsan lorem in dui. Cras ultricies mi eu turpis hendrerit fringilla. Vestibulum ante ipsum primis in faucibus orci luctus et ultrices posuere cubilia Curae; In ac dui quis mi consectetuer lacinia. Nam pretium turpis et arcu.

Systemvoraussetzungen
Lorem ipsum dolor sit amet, consectetuer adipiscing elit. Aenean commodo ligula eget dolor. Aenean massa. Cum sociis natoque penatibus et magnis dis parturient montes, nascetur ridiculus mus. Donec quam felis, ultricies nec, pellentesque eu, pretium quis, sem. Nulla consequat

Impressum
Lorem ipsum dolor sit amet, consectetuer adipiscing elit. Aenean commodo ligula eget dolor. Aenean massa. Cum sociis natoque penatibus et magnis dis parturient montes, nascetur ridiculus mus. Donec quam felis, ultricies nec, pellentesque eu, pretium quis, sem. Nulla consequat massa quis enim.

innere Form

P12 Dokumentation

Ü1 Eine Dokumentation nach Vorgaben planen und erstellen • S. 357

- Übungsdateien im Ordner ⊙ P12_Dokumentation
- Computerarbeitsplätze mit InDesign oder Scribus
- Farbdrucker
- Kartons in DIN A4 für Rückseiten, Folien in DIN A4 für Deckblätter, Spiralen für Bindung
- Spiralbindegerät

Methodisch-didaktische Hinweise

- Dauer ca. 90 min
- Einzelarbeit, Besprechung im Plenum
- Falls die Lernenden eine Dokumentation zu einem eigenen Thema erstellen, muss wesentlich mehr Zeit eingeplant werden, insbesondere für das Schreiben und Korrigieren der Texte.
- Fächerverbindender Unterricht mit dem Fach Deutsch ist anzustreben.

Vertiefung

Weitere Dokumentationsthemen können sein:
- Hausarbeit
- Referat
- Projektarbeit
- Klassen- oder Studienfahrt
- Schulfest
- Seminar- oder Abschlussarbeit
- Bewerbungsmappe

P12 – Dokumentation

Kopiervorlagen

Lasswell-Formel anwenden

Wer sagt was, mit welchem Medium, wem und wozu?

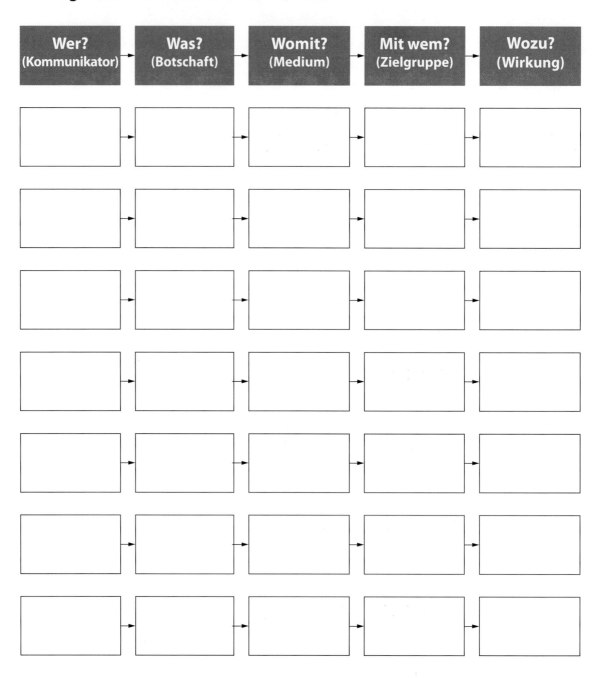

Zielgruppe definieren

Zielgruppen-definition	
Demografische Merkmale	
Geografische Merkmale	
Soziologische Merkmale	
Psychologische Merkmale	
Verhaltensmerkmale	

Werbeanzeigen mit AIDA analysieren

Platz für Anzeige
(Ausdruck einkleben)

Attention:

Interest:

Desire:

Action:

Böhringer, Bühler, Schlaich: Printmedien gestalten und digital produzieren, H+J 6078

B01 – Ü3

Logos beurteilen

Logos skizzieren:

Logos analysieren:

Kriterium		
Reduktion, Abstraktion		
Farbgestaltung, Farbwirkung		
Prägnanz, Wiedererkennung		
Skalierbarkeit, Einsatzmöglichkeiten		
Zusammenfassung		

Farben analysieren

- Legen Sie die vier Farben der Messe Frankfurt (siehe Seite 25) in Illustrator oder Inkscape möglichst genau an.
- Tragen Sie die Farbwerte im linken Teil der Tabelle ein.

	Eigene Farbwerte:				Exakte Farbwerte:			
	Cyan	Magenta	Yellow	Black	Cyan	Magenta	Yellow	Black
Rot								
Blau								
Gelb								
Grau								

- Ergänzen Sie die exakten Farbwerte im rechten Teil der Tabelle: Stimmen die Farbwerte überein?
- Nennen Sie die Gründe, weshalb es zu Abweichungen kommen kann:

_____
_____
_____
_____
_____
_____
_____

Typografie und Layout analysieren

Schriftgröße (pt)

5 Punkt
6 Punkt
7 Punkt
8 Punkt
9 Punkt
10 Punkt
11 Punkt
12 Punkt
13 Punkt
14 Punkt
15 Punkt
16 Punkt
17 Punkt
18 Punkt
19 Punkt
20 Punkt
24 Punkt
30 Punkt
36 Punkt
48 Pun
54 Pun

pt mm

Zeilenabstand (pt)

5, 6, 7, 8, 9, 10, 11, 12, 13, 14, 15, 16

17, 18, 19, 20, 24, 30

Böhringer, Bühler, Schlaich: Printmedien gestalten und digital produzieren, H+J 6078

B02 – Ü3

Methode 635

Methode 635 • Fragestellung:	1. Idee	2. Idee	3. Idee
TN 1			
TN 2			
TN 3			
TN 4			
TN 5			
TN 6			

Einfarbig scribbeln

Vorlage

Scribbeln Sie die links abgebildete Anzeige als Übung einfarbig in das Anzeigenformat 12 cm x 12 cm.

Ersetzen Sie die Begriffe HEADLINE und SUBHEAD durch eigene passende Begriffe.

Die Abbildung zeigt den Eiffelturm und einen Citroen 2CV. Die Umrandung um Eiffelturm und Auto kann entfallen.

Scribble in Originalgröße

Einfarbig scribbeln

Scribbeln Sie den links abgebildeten Blocksatz für ein Buch mit 20 Zeilen entsprechend der Abbildung links.

Vorlage

Zweispaltiges Textscribble in Originalgröße

Böhringer, Bühler, Schlaich: Printmedien gestalten und digital produzieren, H+J 6078

Farbig scribbeln

Scribbeln Sie die links abgebildete Anzeige mit Farbflächen nach. Inhalt und Größe entsprechen der Anzeige aus der Übung 2.

Ersetzen Sie die Begriffe HEADLINE und SUBHEAD durch eigene passende Begriffe.

Die Farben sind freigestellt. Es sind drei verschiedene Farbanzeigen zu gestalten.

Vorlage

Scribble in Originalgröße

Farbig scribbeln

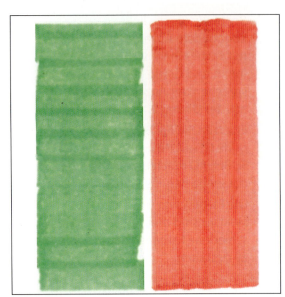

Vorlage

Scribbeln Sie entsprechend den links abgebildeten Farbflächen eine horizontal und vertikal angelegt Fläche.

Verwenden Sie zwei verschiedene Farbtöne für die unten angelegte freie Fläche.

Flächenscribble in Originalgröße

Headlines scribbeln

Citroën 2 CV
Citroën 2 CV

Die Ente lebt
Die Ente lebt

Paris 2015
Paris 2015

Citroën 2 CV
Citroën 2 CV

Die Ente lebt
Die Ente lebt

Paris 2015
Paris 2015

Proportionen berechnen

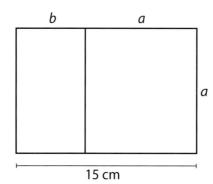

$$\frac{a}{b} = \frac{a+b}{a}$$

Berechne a in cm und b in cm:

Setze b = 1 und löse die Gleichung oben rechts nach a auf:

Formwirkung untersuchen

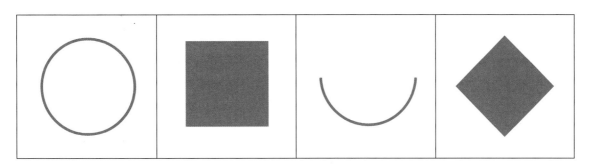

Beschreiben Sie die Formwirkung durch Adjektive:

Finden Sie Alltagsobjekte:

Skizzieren Sie ein Verkehrsschild:

Gestaltgesetze untersuchen

B04 – Ü3

*Platz für Anzeige
(Ausdruck einkleben oder skizzieren)*

Beschreibung der Anzeige:

_____

_____

_____

Gestaltgesetze:

_____

_____

_____

Beabsichtigte Wirkung:

_____

_____

_____

Satzspiegel berechnen

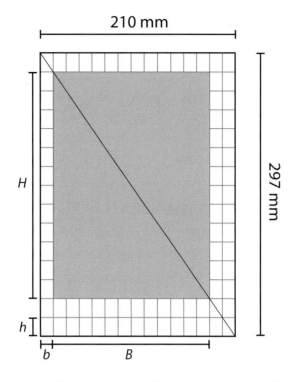

B05 – Ü1

Farben sehen und wahrnehmen

Versuch
Betrachten Sie die Farbfläche unter verschiedenen Beleuchtungsverhältnissen. Vermeiden Sie möglichst störende Umgebungsbeleuchtung.

Farbfläche einkleben

Aufgabe 1
Warum verändert sich die Farbe bzw. der Farbeindruck? Erklären Sie diese Veränderung.

_____
_____
_____
_____

Aufgabe 2
Visualisieren Sie den Zusammenhang zwischen Beleuchtung, farbiger Oberfläche und Betrachter in einer Zeichnung.

Farben in ihrem Umfeld sehen und wahrnehmen

Versuch
Betrachten Sie mehrere nebeneinanderliegende Farbstreifen unter verschiedenen Beleuchtungsverhältnissen. Vermeiden Sie möglichst störende Umgebungsbeleuchtung.

Farbstreifen einkleben

Aufgabe 1
Bleibt das Verhältnis der Farben zueinander unverändert? Beschreiben Sie Ihre Wahrnehmung.

_____
_____
_____

Aufgabe 2
- Schneiden Sie entlang der gepunkteten Linie eine Maske. Vergleichen Sie dann die Farbigkeit der beiden Abbildungen auf Seite 56.
- Interpretieren Sie Ihre Farbwahrnehmung der Abbildungen mit und ohne farbigem Rand.

Fläche ausschneiden (Maske zur Übung *Ü2 Farbwahrnehmung überprüfen* auf Seite 56)

Fläche ausschneiden (Maske zur Übung *Ü2 Farbwahrnehmung überprüfen* auf Seite 56)

Farbwerte festlegen

Aufgabe 1
Tragen Sie die RGB-Werte für die folgenden Farben: Weiß, Gelb, Rot, Magenta, Blau, Grün, Cyan und Schwarz in die Tabelle ein.

	Weiß	Gelb	Rot	Magenta	Blau	Grün	Cyan	Schwarz
Rotwert								
Grünwert								
Blauwert								

Aufgabe 2
Ordnen Sie die RGB-Werte den entsprechenden Farbwerten zu.

Farbkreis und Komplementärfarben

Aufgabe 1
Erstellen Sie mit Illustrator oder Inkscape, ausgehend vom 6-teiligen Farbkreis, Farbkreise mit 12 und 24 Segmenten.

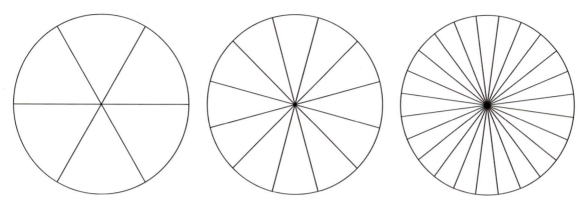

Aufgabe 2
Notieren Sie die RGB-Werte der Farbfelder des 24-teiligen Farbkreis in der Tabelle.

Rot												
Grün												
Blau												
Rot												
Grün												
Blau												

Aufgabe 3
Visualisieren Sie grafisch die Komplementärfarbenpaare der drei Farbkreise aus Aufgabe 1.

Farbprofile auswählen und die Farbdarstellung beurteilen

- Überprüfen Sie die Farbeinstellungen der Software mit der Sie aktuell arbeiten.
- Öffnen bzw. platzieren Sie die Testform in diesem Programm.
- Betrachten Sie die Darstellung der Farben auf dem Monitor.
- Drucken Sie die Testform aus und vergleichen Sie die Farbdarstellung auf dem Monitor und im Druck.
- Weisen Sie der Datei ein anderes Farbprofil zu.
- Drucken Sie wieder aus und vergleichen die neue Farbdarstellung auf dem Monitor und im Druck.
- Bewerten Sie die Darstellung durch die beiden Profile.
- Optimieren Sie die Profileinstellung hinsichtlich einer optimalen Übereinstimmung der Farbdarstellung auf dem Monitor und im Druck.

Farbkontraste ermitteln

B08 – Ü1

Platz für Anzeige
(Ausdruck einkleben oder skizzieren)

Beschreibung der Anzeige:

Farbkontraste:

Beabsichtigte Wirkung:

Farbcollage erstellen

*Platz für Collage
(Ausdruck einkleben)*

Farbe:

Farbassoziationen und Farbsymbolik:

Verwendung der Farbe:

Farben kombinieren

Kalte Farben

- Legen Sie in Illustrator oder Inkscape fünf quadratische Felder (25 mm x 25 mm) an.
- Wählen Sie für jedes Quadrat eine „kalte" Farben.
- Kleben Sie den Ausdruck der Farben auf dem Arbeitsblatt ein.
- Tragen Sie CMYK-Werte der Farben in der Tabelle ein.

Cyan					
Magenta					
Yellow					
Black					

Warme Farben

- Legen Sie in Illustrator oder Inkscape fünf quadratische Felder (25 mm x 25 mm) an.
- Wählen Sie für jedes Quadrat eine „warme" Farben.
- Kleben Sie den Ausdruck der Farben auf dem Arbeitsblatt ein.
- Tragen Sie CMYK-Werte der Farben in der Tabelle ein.

Cyan					
Magenta					
Yellow					
Black					

Typografische Fachbegriffe definieren

Typografische Fachbegriffe	
Gemeine	
Versalien	
X-Höhe	
Grundlinie	
Unterlänge	
Oberlänge	
Mittellänge	
Versalhöhe	
Fleisch	
Vor-/Nachbreite	
Zeichnen Sie bei A bis C die korrekten Maßlinien ein und ordnen Sie die Buchstaben den richtigen Begriffen zu. **Begriffe: Dickte, Zeichenbreite, Versalhöhe.**	
Dickte	

Schriftanwendung überprüfen

Schriftanwendungen überprüfen			
Printprodukt	**Schriftgruppe mit Beispiel**	**Lesbarkeit**	**Wirkung auf den Betrachter**
Tageszeitung			
Flyer für IT-Unternehmen			
Flyer für Kunstmuseum			
Plakat für Vereinsfest			
Plakat Technikmuseum			
Zeitungsanzeige für Musikveranstaltung			

Schriftwirkung überprüfen

Schriftwirkung mit Polaritätsprofil überprüfen

Überprüfte Schrift

Arbeitsanweisung

Zwischen den Polaritäten müssen Sie ihr Urteil abgeben.

Bei jedem Polaritätspaar müssen Sie die Entscheidung treffen, ob die Schrift mehr dem linken oder rechten Pol zuzuordnen ist.

Aus dem Resultat kann die Wirkung einer Schrift und deren Verwendung abgeleitet werden.

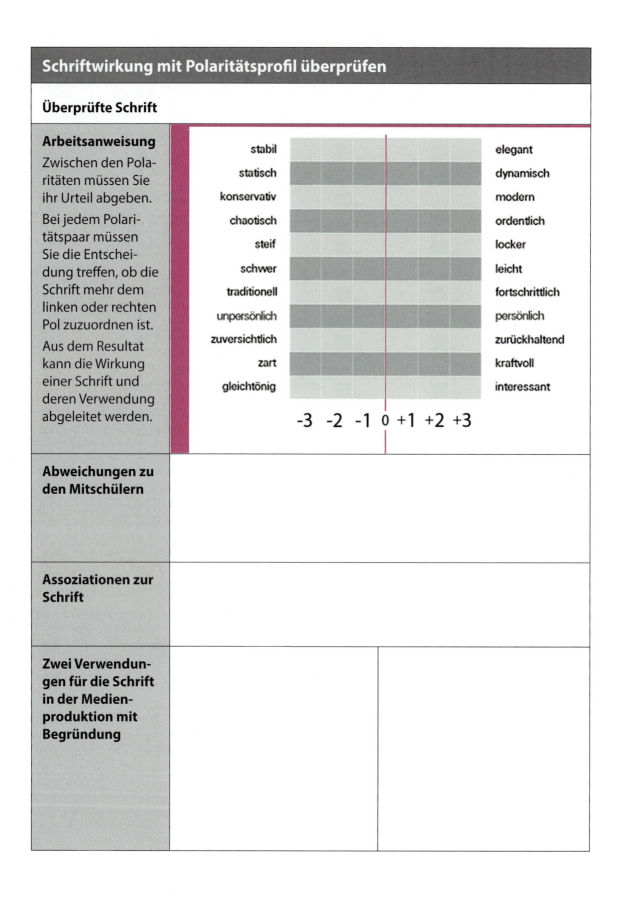

Abweichungen zu den Mitschülern

Assoziationen zur Schrift

Zwei Verwendungen für die Schrift in der Medienproduktion mit Begründung

Schriftwirkung überprüfen

Schriftwirkung mit Polaritätsprofil überprüfen – Schriftmuster –	
Schrift	**Schriftbild**
Baskerville	Die Schrift Baskerville und das Musterwort „Hamburgo"
Helvetica	Die Schrift Helvetica und das Musterwort „Hamburgo"
Trebuchet	Die Schrift Trebuchet und das Musterwort „Hamburgo"
Clarendon	**Die Schrift Clarendon und** das Musterwort „Hamburgo"
Zapfino	*Die Schrift Zapfino* *Musterwort „Hamburgo"*

Satzarten und deren Verwendung

Satzarten und deren Verwendung untersuchen			
Satzart	Merkmale	Lesbarkeit	Verwendung
Flattersatz linksbündig			
Flattersatz rechtsbündig			
Zentrierter Satz			
Blocksatz			

Satzarten und deren Verwendung

An die Freude

Freude, schöner Götterfunken,
Tochter aus Elysium,
Wir betreten feuertrunken,
Himmlische, dein Heiligthum.
Deine Zauber binden wieder,
Was die Mode streng getheilt;
Alle Menschen werden Brüder,
Wo dein sanfter Flügel weilt.

Seyd umschlungen, Millionen!
Diesen Kuß der ganzen Welt!
Brüder – überm Sternenzelt
Muß ein lieber Vater wohnen.

Wem der große Wurf gelungen,
Eines Freundes Freund zu seyn,
Wer ein holdes Weib errungen,
Mische seinen Jubel ein!

Ja – wer auch nur eine Seele
Sein nennt auf dem Erdenrund!
Und wer's nie gekonnt, der stehle
Weinend sich aus diesem Bund.

An die Freude

Freude, schöner Götterfunken,
Tochter aus Elysium,
Wir betreten feuertrunken,
Himmlische, dein Heiligthum.
Deine Zauber binden wieder,
Was die Mode streng getheilt;
Alle Menschen werden Brüder,
Wo dein sanfter Flügel weilt.

Seyd umschlungen, Millionen!
Diesen Kuß der ganzen Welt!
Brüder – überm Sternenzelt
Muß ein lieber Vater wohnen.

Wem der große Wurf gelungen,
Eines Freundes Freund zu seyn,
Wer ein holdes Weib errungen,
Mische seinen Jubel ein!

Ja – wer auch nur eine Seele
Sein nennt auf dem Erdenrund!
Und wer's nie gekonnt, der stehle
Weinend sich aus diesem Bund.

An die Freude

Freude, schöner Götterfunken, Tochter aus Elysium, wir betreten feuertrunken, Himmlische, dein Heiligthum. Deine Zauber binden wieder, was die Mode streng getheilt; alle Menschen werden Brüder, wo dein sanfter Flügel weilt.
Seyd umschlungen, Millionen! Diesen Kuß der ganzen Welt! Brüder – überm Sternenzelt muß ein lieber Vater wohnen.
Wem der große Wurf gelungen, eines Freundes Freund zu seyn, wer ein holdes Weib errungen, mische seinen Jubel ein!
Ja – wer auch nur eine Seele Sein nennt auf dem Erdenrund! Und wer's nie gekonnt, der stehle weinend sich aus diesem Bund.

An die Freude

Freude, schöner Götterfunken, Tochter aus Elysium, wir betreten feuertrunken, Himmlische, dein Heiligthum. Deine Zauber binden wieder, was die Mode streng getheilt; alle Menschen werden Brüder, wo dein sanfter Flügel weilt.

Seyd umschlungen, Millionen! Diesen Kuß der ganzen Welt! Brüder – überm Sternenzelt muß ein lieber Vater wohnen.

Wem der große Wurf gelungen, eines Freundes Freund zu seyn, wer ein holdes Weib errungen, mische seinen Jubel ein!

Ja – wer auch nur eine Seele Sein nennt auf dem Erdenrund! Und wer's nie gekonnt, der stehle weinend sich aus diesem Bund.

Digitalkamera kennenlernen

Aufgabe 1
Mit welcher Kamera arbeiten Sie? Notieren Sie die Kamerabezeichnung und die wichtigsten Kenngrößen.

Aufgabe 2
Welche Aufnahmemodi/Motivprogramme hat Ihre Digitalkamera?

Aufgabe 3
Wählen Sie zwei Motivprogramme aus. Fotografieren Sie mehrere Motive direkt nacheinander mit den beiden Motivprogrammeinstellungen. Vergleichen Sie die beiden Aufnahmen am Monitor hinsichtlich Schärfentiefe und Belichtung. Notieren Sie Ihre Beobachtungen.

Bildformate und Bildausschnitte

Aufgabe 1

Quadratisches Format

Die Spannung erfolgt alleine durch die Positionierung des Motivs im Format. Das Format gibt keine Richtung oder Gewichtung vor. Wo liegt das Hauptmotiv?

Stellen Sie die Bildausschnitte auf dem Arbeitsblatt zusammen.

Aufgabe 2

Hoch- oder Querformat

Wählen Sie extreme Quer- und Hochformate. Unterstützen Sie mit der Formatlage die Motivwirkung.

Stellen Sie die Bildausschnitte auf dem Arbeitsblatt zusammen.

Medienrecht

Quellenangaben formulieren

Für eine Seminararbeit zum Thema Medienrecht verwenden Sie Bilder und Texte, die aus den unten dargestellten Quellen stammen. Formulieren Sie für jede dieser Quellen eine korrekte Quellenangabe.

Geben Sie an, wo diese Quellenangabe in Ihrer Seminararbeit stehen muss.

Sie wollen den Begriff „Bild einer Person der Zeitgeschichte" mit Hilfe des Textes verdeutlichen. Die Seite 748 ist dem Buch „Kompendium der Mediengestaltung", Band „Konzeption und Gestaltung", verlegt vom Springer-Verlag Heidelberg im Jahr 2011 entnommen. Die Autoren sind Joachim Böhringer, Peter Bühler und Patrick Schlaich.

Quellenangabe:

Sie wollen das Copyright-Zeichen in ihrer Seminararbeit erläutern. Dazu verwenden Sie den Text „Copyright" der Seite 178 aus dem Buch „Fachbegriffe für Medien", das 2012 im Verlag Holland & Josenhans in Stuttgart von der Autoren Baumstark, Böhringer, Bühler und Jungwirth erschienen ist.

Quellenangabe:

Böhringer, Bühler, Schlaich: Printmedien gestalten und digital produzieren, H+J 6078

B12 – Ü1-1

Medienrecht

Quellenangaben formulieren

Für eine Seminararbeit zum Thema Medienrecht verwenden Sie Bilder und Texte, die aus dargestellten Quellen stammen. Formulieren Sie für jede dieser Quellen eine korrekte Quellenangabe.

Geben Sie an, wo diese Quellenangabe in Ihrer Seminararbeit stehen muss.

Beim Institut für Urheber- und Medienrecht finden Sie eine PDF-Datei (Zweites Gesetz zur Regelung des Urheberrechts in der Informationsgesellschaft.pdf) unter der Rubrik „Urheberrechtsgesetz", die Sie sich für Ihre Seminararbeit downloaden.

Quellenangabe:

Das links gezeigte Bild soll für Ihre Dokumentation verwendet werden, um das Recht am eigenen Bild zu verdeutlichen. Der Fotograf ist Otmar Friese aus Münsingen, der die Fotografie im Juli 2012 erstellt hat. Veröffentlicht wurde das Bild in der Schülerzeitung „Der Spicker" Nr. 03/2012 der Kerschensteinerschule Reutlingen auf Seite 4.

Quellenangabe:

Böhringer, Bühler, Schlaich: Printmedien gestalten und digital produzieren, H+J 6078

Dokumente speichern

Backupsystem einrichten

- Beschreiben Sie, wie Ihre persönliche Datensicherung durchgeführt wird.
- Wie führen Sie bei einem Verlust Ihrer Daten eine Datenwiederherstellung durch?

Meine persönliche Datensicherung:

Wie führe ich meine Datenwiederherstellung durch:

Dokumente speichern

Backupsystem einrichten

Entwerfen Sie für sich ein System der doppelten Datensicherung, das Sie während Ihrer Ausbildungszeit langfristig und kostengünstig einrichten und nutzen können.

Verwenden Sie für Ihr Backupsystem die in der linken Spalte abgebildete Speichermedien und beschreiben Sie dazu einen geplanten Backup-Vorgang.

PC mit interner Festplatte

USB-Stick

PC mit interner Festplatte

Externe Festplatte

PDF-Erstellung vergleichen

Aufgabe 1
Speichern oder Exportieren, welche Optionen bieten die Layout-, Bild- und Grafikverarbeitungsprogramme zur Konvertierung einer Datei in eine PDF-Datei?

_____
_____
_____
_____
_____

Aufgabe 2
Welche Möglichkeiten gibt es in der Software zur Anpassung der PDF-Datei an das jeweilige Ausgabemedium, z. B. für den Druck oder zum Download im Internet?

_____
_____
_____
_____
_____

Aufgabe 3
Welche Sicherheitsoptionen wie Verschlüsselung und Passwortschutz bietet die jeweilige Software?

_____
_____
_____
_____
_____

Papier vergleichen

Aufgabe 1
Nennen Sie fünf technische Parameter zur Beschreibung der Papierqualität hinsichtlich der Stoffzusammensetzung und der Oberflächenbeschaffenheit.

Aufgabe 2
Erläutern Sie den Fachbegriff Grammatur.

Aufgabe 3
Definieren Sie die Anforderungen an das jeweilige Druckpapier für die folgenden Druckprodukte: Zeitung, Taschenbuch, Plakat in der Außenwerbung, Flyer und Visitenkarte.

Druckprodukt	
Zeitung	
Taschenbuch	
Plakat in der Außenwerbung	
Flyer	
Visitenkarte	

Druckverfahren vergleichen und erkennen

Aufgabe 1
Recherchieren Sie die optischen Kennzeichen des Druckbildes der Druckverfahren:

Druckverfahren	
Tintenstrahldruck	
Laserdruck	
Hochdruck	
Tiefdruck	
Siebdruck	
Flachdruck/Offsetdruck	

Aufgabe 2
Ordnen Sie folgende Druckprodukte einem Druckverfahren zu:

Druckprodukt	
Flyer	
Buch	
Autoaufkleber	
Briefbogen	
Visitenkarte	
Plastiktüte	
Illustrierte	

Farbige Printmedien analysieren

Aufgabe 1
Analysieren Sie verschiedene Printmedien hinsichtlich der Zahl der verwendeten Druckfarben. (Die Anzahl der Druckfarben gilt nur für das jeweils analysierte Produkt.)

Printmedium	Zahl der verwendeten Druckfarben
Zeitung	
Buch (Roman)	
Plakat	
Briefbogen	
Visitenkarte	
Flyer	
Illustrierte	

Aufgabe 2
Betrachten Sie farbige Drucke mit der Lupe. Beschreiben Sie die Art der Rasterung und das Zustandekommen der Farbwirkung auf den Betrachter.

Druckversuche durchführen und die Ergebnisse analysieren

Aufgabe
Drucken Sie ein Dokument mehrmals. Variieren Sie die Einstellungen im Druckdialog und protokollieren Sie die jeweiligen Einstellungen.
Finden Sie die Einstellungen, die ein optimales Druckergebnis ergeben.

Optimale Druckeinstellungen:

Visitenkartendokument erstellen

Visitenkartendokument anlegen

Tragen Sie die korrekten Maße neben die untenstehende Visitenkarte ein. Scribbeln Sie eine Visitenkarte für Ihren Eigenbedarf in das freie Feld.

Visitenkartenformat

Breite:

Höhe:

Erstellen Sie eine Übersicht aller Angaben, die für das Anlegen einer Visitenkartedatei in einem Layoutprogramm erforderlich sind.

Angabe	Werte/Maße

Buchdokument erstellen

Buchdokument anlegen

Tragen Sie die korrekten Maße für das Buchformat neben die untenstehende Skizze ein. Skizzieren Sie die Seitenaufteilung als Überblick in die Skizze ein.

Buchformat

Breite:

Höhe:

Erstellen Sie eine Übersicht aller Angaben, die für das Anlegen eines 10-seitigen Buches in einem Layoutprogramm erforderlich sind. Die Buchvorgaben finden Sie im Kapitel T01-2 „Dokument anlegen" (S. 156).

Angabe	Werte/Maße

Arbeitsoberfläche und Werkzeuge kennen

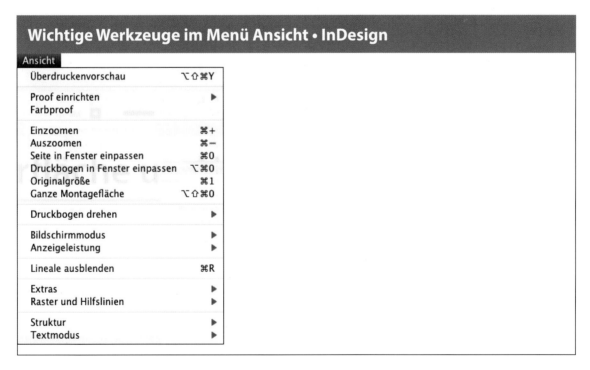

Arbeitsoberfläche und Werkzeuge kennen

Wichtige Werkzeuge im Menü Fenster • Scribus

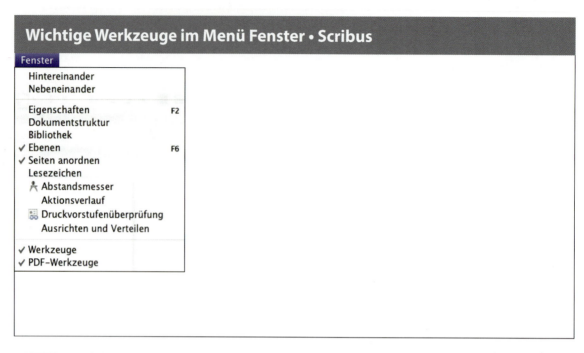

Wichtige Werkzeuge im Menü Ansicht • Scribus

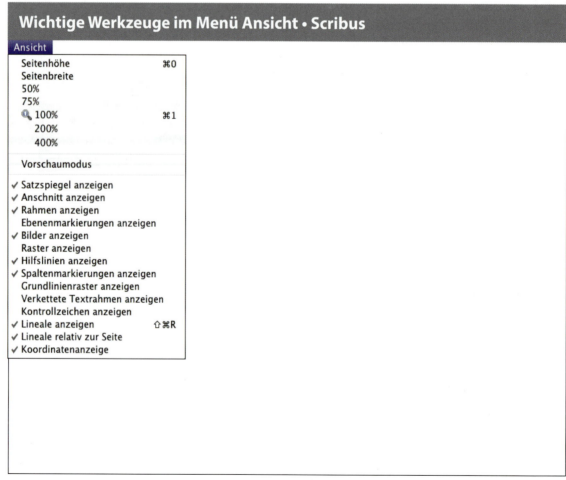

Musterseite anlegen

Musterseiten mit Grundlinienraster anlegen

Tragen Sie die fehlenden Angaben für das Buchprojekt in den AV-Bogen ein und übertragen Sie die Angaben in das Layoutprogramm.

Seitenzahl: 10 Startseitennummer: 1	Format Breite Höhe	Doppelseite Formatlage
Spaltenanzahl 4 Spaltenabstand 4 mm	Stege Oben Unten	Innen Außen
	Anschnitt Oben Unten	Innen Außen
Grundlinienraster	Textbeginn oben	Zeilenabstand (ZAB)
Schriftvorgaben	Headline	Subheadline
	Ausrichtung Headline	Subheadline
	Grundschrift:	Marginalien
	Ausrichtung Grundschrift	Marginalien
	Seitenzahl	Position Seitenzahl
Kopf	Kopflinie	Text Kopf
Farben	RGB	CMYK
Dateiname		
Speicherort		

Layoutdatei für die Druckausgabe zusammenstellen

Checkliste zur Überprüfung der Vollständigkeit einer Layoutdatei			
Dateiname	Erstellungsdatum	Ablageort	
Schriftarten		Vollständig Ja Nein	
	Fehlende Schriften		
Bilder/Grafiken	Vollständig ja nein	Fehlende	
	Farbräume ➤		
	Volltonfarben ➤		
	Auflösung ➤		
	Farbprofile ➤		
	Prozessfarben ➤		
	Dateiformate ➤		
Druckermarken	Anschnitt ja nein Format ja nein	Passer ja nein Farbkontrolle ja nein	
Druckfarben	CMYK ja nein	Volltonfarben ja nein Prozessfarben ja nein	
Bemerkungen			
Datei geprüft am	Druckfertig ja nein	Weiter an: Unterschrift:	

Böhringer, Bühler, Schlaich: Printmedien gestalten und digital produzieren, H + J 6078

Dateien ausgeben

Checkliste zur PDF-Erstellung und Dateiausgabe		
Dateiname	Erstellungsdatum	Ablageort
Vollständige Layout-Datei	Geprüft durch	Checkliste von
PDF-Erstellung	Druckausgabequalität Verwendet für...	Desktop-Laserdruck ja nein
	Kleinste Dateigröße Verwendet für...	Korrekturzwecke ja nein
	PDF/X Verwendet für...	Druckerei (Offset-/Digitaldruck) ja nein
	Qualitativ hochwertiger Druck. Verwendet für...	Hochwertige Prüfdrucke ja nein
Marken PDF-Datei	Anschnitt ja nein Format ja nein	Passer ja nein Farbkontrolle ja nein

Checkliste zum Druck einer Datei		
Dateiname	Erstellungsdatum	Korrekturausdruck ja nein Kundenausdruck ja nein
Allgemeine Vorgaben	Anzahl der Drucke Welche Seiten	Hochformat ja nein Querformat ja nein
Skalieren	Auf Seitengröße anpassen Skalieren %	Seitenposition Verkleinern
Marken	Druckermarken Ja nein	Farbkontrollstreifen ja nein
Farbausgabe	Farbauszüge ja nein Graustufen ja nein	Farbprofil Farbmanagement
Druck geprüft am	Ausdrucke weiter an	Unterschrift

Bilddatei als JPEG und TIFF speichern

Wählen Sie hinsichtlich der Bildqualität aussagekräftige Bildausschnitte.

JPEG	Einstellungen	Dateigröße offen/geschlossen	Beurteilung
Bildausschnitt einkleben			
Bildausschnitt einkleben			
Bildausschnitt einkleben			

TIFF	Einstellungen	Dateigröße offen/geschlossen	Beurteilung
Bildausschnitt einkleben			
Bildausschnitt einkleben			
Bildausschnitt einkleben			

Bildgröße verändern

Vorlage
Format: 54,25 mm x 40,7 mm
Pixelmaß: 641 px x 481 px
Pixelzahl: 308321 px
Auflösung: 300 ppi
Farbmodus: RGB
Dateigröße: 904 KB

Stellen Sie aussagekräftige Bildausschnitte mit den Einstellungswerten auf das Arbeitsblatt.

Vergrößerung bei gleichbleibender Auflösung

Skalieren Sie das Bild auf 300 %, belassen Sie die Auflösung bei 300 ppi, variieren Sie die Interpolationsoptionen.

Ausdruck einkleben

Ausdruck einkleben

Vergrößerung bei gleichbleibender Pixelzahl

Skalieren Sie das Bild auf 200 % und 300 %, belassen Sie die Anzahl der Pixel unverändert.

Ausdruck einkleben

Ausdruck einkleben

Verkleinerung bei gleichbleibender Auflösung

Skalieren Sie das Bild auf 75 %, belassen Sie die Auflösung bei 300 ppi, variieren Sie die Interpolationsoptionen.

Ausdruck einkleben

Ausdruck einkleben

Bildausschnitt rechtwinklig freistellen

Vorlage
Format: 272,3 mm x 180,8 mm
Pixelmaß:
3216 px x 2136 px
Pixelzahl:
6.869.376 px
Auflösung: 300 ppi
Farbmodus: RGB
Dateigröße: 19,7 MB

Freistellen ohne Angabe der Zielauflösung
- Quadratisch mit 74 mm Seitenlänge,
- Auflösung keine Eingabe

Ausdruck einkleben

_____
_____
_____

Freistellen mit Angabe der Zielauflösung
- Quadratisch mit 74 mm Seitenlänge,
- Auflösung 300 ppi

Ausdruck einkleben

_____
_____
_____

Böhringer, Bühler, Schlaich: Printmedien gestalten und digital produzieren, H+J 6078

T02 – Ü3

Bild scharfzeichnen

Vorlage
Format: 272,3 mm x 180,8 mm
Pixelmaß: 3216 px x 2136 px
Pixelzahl: 6.869.376 px
Auflösung: 300 ppi
Farbmodus: RGB
Dateigröße: 19,7 MB

Aufgabe 1
Experimentieren Sie mit den Einstellungen. Wählen Sie auch extreme Einstellungen um die Funktion der verschiedenen Einstellungsparameter zu verdeutlichen. Stellen Sie aussagekräftige Bildausschnitte mit den dazugehörigen Einstellungswerten auf das Arbeitsblatt.

| Ausdruck einkleben | Ausdruck einkleben | Ausdruck einkleben | Ausdruck einkleben |

Aufgabe 2
Bearbeiten Sie das Bild mit optimierten Einstellungswerten und platzieren das Ergebnis auf dem Arbeitsblatt. Notieren Sie die dazugehörigen Werte.

Ausdruck einkleben

optimierte Bearbeitung

Böhringer, Bühler, Schlaich: Printmedien gestalten und digital produzieren, H+J 6078

T02 – Ü4

Bild weichzeichnen

Vorlage
Format: 272,3 mm x 180,8 mm
Pixelmaß: 3216 px x 2136 px
Pixelzahl: 6.869.376 px
Auflösung: 300 ppi
Farbmodus: RGB
Dateigröße: 19,7 MB

Aufgabe 1
Experimentieren Sie mit den Einstellungen. Wählen Sie auch extreme Einstellungen um die Funktion der verschiedenen Einstellungsparameter zu verdeutlichen. Stellen Sie aussagekräftige Bildausschnitte mit den dazugehörigen Einstellungswerten auf das Arbeitsblatt.

Ausdruck einkleben	Ausdruck einkleben	Ausdruck einkleben	Ausdruck einkleben
_____	_____	_____	_____
_____	_____	_____	_____
_____	_____	_____	_____

Aufgabe 2
Bearbeiten Sie das Bild mit optimierten Einstellungswerten und platzieren das Ergebnis auf dem Arbeitsblatt. Notieren Sie die dazugehörigen Werte.

Ausdruck einkleben	**optimierte Bearbeitung**
	_____
	_____
	_____

Bild retuschieren

Retusche mit dem Stempelwerkzeug
- Entfernen Sie die braune Fläche und das Absperrband am linken Bildrand. Retuschieren Sie dazu das Bild mit dem Stempelwerkzeug.
- Protokollieren Sie Ihre Vorgehensweise.

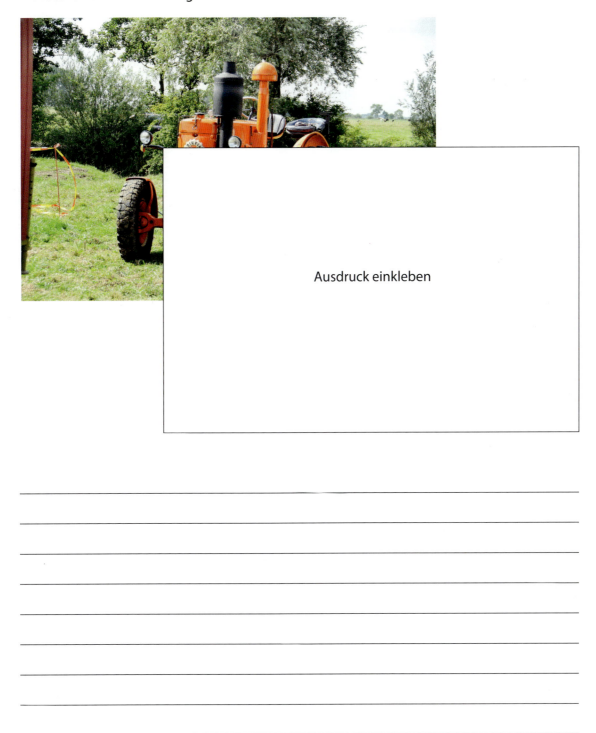

Ausdruck einkleben

Böhringer, Bühler, Schlaich: Printmedien gestalten und digital produzieren, H+J 6078

Fotomontage erstellen

- Erstellen Sie aus den beiden Bildquellen eine Fotomontage.
- Beachten Sie bei der Anpassungsretusche vor allem auch die transparenten Glasscheiben und die Schärfe des Bildvordergrunds.
- Protokollieren Sie Ihre Vorgehensweise.

Grafiken aus einfachen Objekten erstellen

- Üben Sie den Umgang mit Linie, Kreis, Ellipse, Rechteck, Quadrat, Stern und Polygon mit unterschiedlicher Kontur und Füllung.
- Erstellen Sie die dargestellten Objekte aus geometrischen Grundformen (Rechteck, Kreis, Linien).
- Protokollieren Sie Ihre Vorgehensweise für *eines* der Objekte.

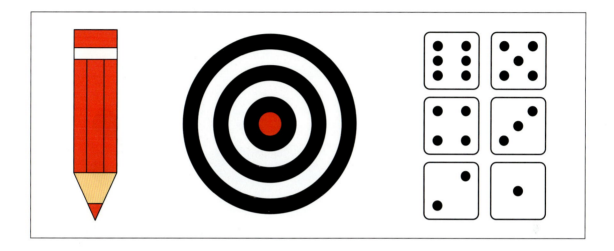

Vorgehensweise

_____
_____
_____
_____
_____
_____
_____
_____
_____

Grafiken aus Pfaden erstellen

- Üben Sie den Umgang mit dem Zeichenstift-Werkzeug: Zeichnen Sie
  - offene Formen, z. B. Schlangenlinie, Zickzack-Linie,
  - geschlossene Formen, z. B. Ei, Raute.
- Legen Sie eine neue Datei mit einer Breite von 150 mm und Höhe von 60 mm an.
- Bauen Sie die dargestellten Logos mit Hilfe des Zeichenstift-Werkzeugs möglichst exakt nach.
- Drucken Sie Ihr Ergebnis aus und kleben Sie es auf das Arbeitsblatt.
- Vergleichen Sie Ihre Ergebnisse mit dem Original: Sind Korrekturen erforderlich?

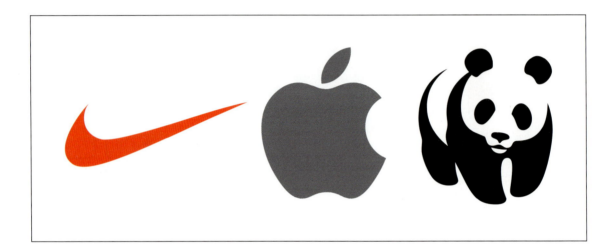

Eigene Lösung ausdrucken und hier aufkleben.

Zusammengesetzte Objekte erstellen

T03 – Ü3

- Bauen Sie das Sparkassen-Logo nach.

- Erstellen Sie folgende Objekte aus einfachen Grundformen.
- Dokumentieren Sie Ihre Vorgehensweise für *eines* der Objekte.

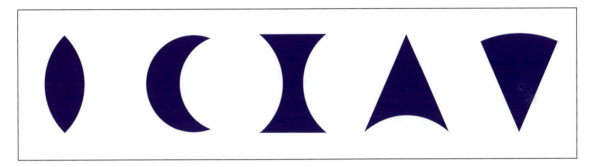

Vorgehensweise

_____
_____
_____
_____
_____
_____
_____
_____

Böhringer, Bühler, Schlaich: Printmedien gestalten und digital produzieren, H+J 6078

Symmetrische Grafiken erstellen

- Erstellen Sie die Vase und das Windrad:

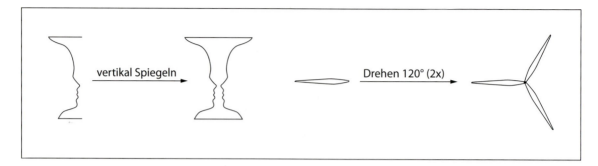

- Untersuchen Sie die Symmetrien in den Grafiken unten: Zeichnen Sie mögliche Symmetrieachsen oder -punkte ein. (Hinweis: Es sind mehrere Lösungen möglich.)
- Setzen Sie mindestens zwei Grafiken im Grafikprogramm um.

Objekte durch Spiegeln:

Objekte durch Drehen (Drehwinkel angeben):

Farbverläufe erstellen

- Erstellen Sie aus einem Kreis eine fotorealistische Kugel.

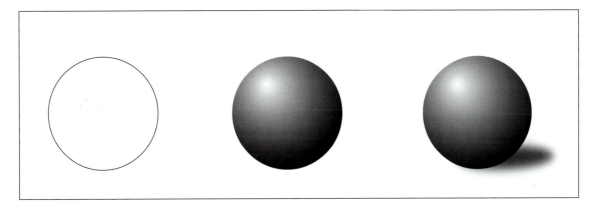

- Notieren Sie, wovon Farbverläufe und Schatten abhängig sind:

___

___

___

___

___

- Erstellen Sie einen möglichst fotorealistisch aussehenden Füller.

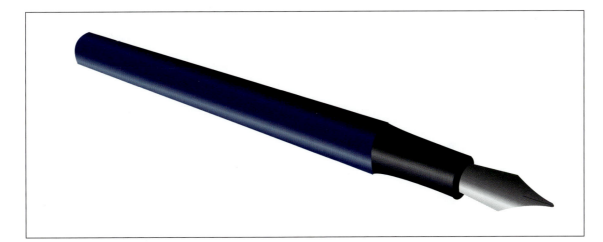

Grafik mit Text erstellen

Text innerhalb einer Kontur
- Erstellen Sie den Ball und den Hai und füllen Sie ihn mit Text.
- Entwerfen Sie eine eigene Form und füllen Sie diese mit Text.

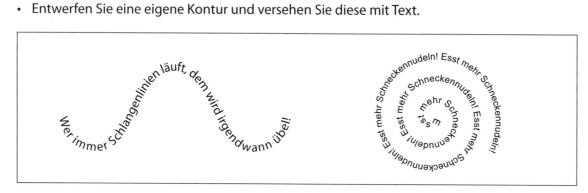

Text auf einer Kontur
- Erstellen Sie die unten gezeigten Konturen und versehen Sie diese mit Text.
- Entwerfen Sie eine eigene Kontur und versehen Sie diese mit Text.

Typotiere
- Entwerfen Sie Typotiere, die ausschließlich aus Buchstaben bestehen.
- Wandeln Sie die Schriften in Pfade um.

Pixelbild vektorisieren

Automatisiertes Nachzeichnen
- Importieren Sie ein Foto Ihrer Wahl.
- Kopieren Sie das Foto auf eine zweite Ebene und blenden Sie diese Ebene aus. Auf diese Weise können Sie später das Original erneut ansehen.
- Wandeln Sie das Foto mit Hilfe der Nachzeichen-Funktion in eine Vektorgrafik um.
- Bearbeiten Sie das vektorisierte Bild manuell nach, bis es die gewünschte Wirkung erzielt.

Manuelles Nachzeichnen
- Importieren Sie ein Foto Ihrer Wahl.
- Legen Sie eine neue Ebene oberhalb der Ebene mit dem Foto an.
- Zeichnen Sie die wichtigsten Konturen des Fotos nach.
- Färben Sie geschlossene Konturen ein.
- Blenden Sie zur Kontrolle des Ergebnisses die Ebene mit dem Foto aus.

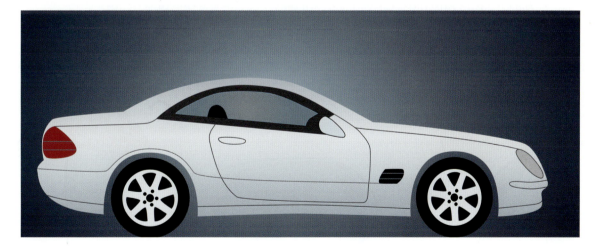

Mit Stift und Pinsel malen

Vorübungen
- Erstellen Sie die dargestellten Formen mit Hilfe des Rechteck-, Kreis-, Polygon- und Textwerkzeugs.
- Erzeugen Sie eine neue Ebene.
- Malen Sie auf der neuen Ebene die Formen mit Hilfe des Pinsel-Werkzeugs nach. Blenden Sie danach die Ebene aus.
- Erzeugen Sie eine neue Ebene und wiederholen Sie das Malen. Vergleichen Sie die beiden Ergebnisse.
- Malen Sie die Formen auf einer neuen Ebene mit Hilfe des Pinsel-Werkzeugs aus.

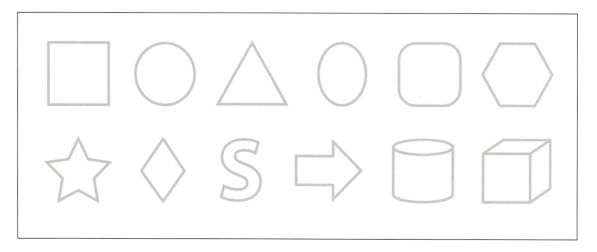

Malen
Malen Sie einfache Objekte wie unten dargestellt.
- Beginnen Sie mit den Konturen.
- Erzeugen Sie eine neue Ebene.
- Malen Sie im Anschluss die Grafiken auf dieser Ebene wie gewünscht aus.
- Verschieben Sie die Ebene mit den Konturen über die Ebene mit den Füllungen, so dass die Konturen überall sichtbar sind.

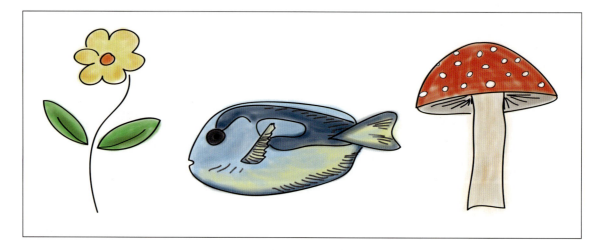

Schrift für Visitenkarte wählen

Welche Schrift eignet sich zur Verwendung auf einer Visitenkarte, welche nicht?
Begründen Sie Ihre Auswahl.

Brush Script:

Lukas Muster

Waldstraße 15
79102 Freiburg
Telefon: (0761) 12 34 56
Mobil: (0171) 98 76 54
E-Mail: lukas.m@web.de

Myriad Pro:

Lukas Muster

Waldstraße 15
79102 Freiburg
Telefon: (0761) 12 34 56
Mobil: (0171) 98 76 54
E-Mail: lukas.m@web.de

_____   _____

_____   _____

Old English:

Lukas Muster

Waldstraße 15
79102 Freiburg
Telefon: (0761) 12 34 56
Mobil: (0171) 98 76 54
E-Mail: lukas.m@web.de

Comic Sans:

Lukas Muster

Waldstraße 15
79102 Freiburg
Telefon: (0761) 12 34 56
Mobil: (0171) 98 76 54
E-Mail: lukas.m@web.de

_____   _____

_____   _____

Untersuchen Sie die Schriften Ihres Computers.
Für meine Visitenkarte wähle ich die Schrift:

_____

Farben auf Visitenkarte beurteilen

- Beschreiben Sie die Farbwirkung durch Adjektive.
- Nennen Sie den jeweiligen Farbkontrast.

Ordnen Sie die Visitenkarten nach Lesbarkeit:

Visitenkarten beurteilen

- Beurteilen Sie die Visitenkarten.
- Machen Sie sich Notizen zu Farbgestaltung, Schriftwahl und Gesamteindruck.

Aufkleber scribblen

Skizzieren Sie Aufkleber.

Aufkleber dient als Hinweis.	
Aufkleber dient zur Warnung.	
Aufkleber drückt eigene Meinung aus.	
Aufkleber teilt Zugehörigkeit mit.	
Aufkleber hat schmückende Funktion.	

Ideen finden – Entwürfe machen

Thema: _____

Führen Sie die Methode 635 durch (siehe Buch Seite 30 f):
- Notieren oder skizzieren Sie Ihre Ideen.
- Werten Sie die Ergebnisse in Ihrer Gruppe aus.

Namen	1. Idee	2. Idee	3. Idee

Besprechungsergebnisse:

_____

_____

_____

Appendix

Appendix – Lehrerband

A01 Abbildungen

Abbildungen Lehrerband

S17, 1: Benetton
S25, 1a, b: Autoren
S27, 1, 2a, 2b, 3: Autoren
S29, 1, 2a, 2b, 3: Autoren
S31, 1: Autoren
S37, 1: Volkswagen AG
S41, 1: Autoren
S43, 1: Autoren
S44, 1: Autoren
S45, 1: Autoren
S47, 1, 2a, b: Autoren
S49, 1: Autoren
S51, 1a, b, c, 2: Autoren
S53, 1: Autoren
S55, 1: Volkswagen AG
S57, 1a: tom213 – www.sxc.hu
S57, 1b: Corn CIO – www.sxc.hu
S57, 2a: Philipp Mamat – www.sxc.hu
S57, 2b: bubblefish – www.sxc.hu
S57, 2c: ADAC
S61, 1 a: Autoren
S65, 1a: Autoren
S73, 1a, b, c, 2, 3a, b, c, d, 4: Autoren
S75, 1: Springer-Verlag Heidelberg
S75, 2: H + J, Stuttgart
S75, 3, 4: Autoren
S. 77, 3, 4: Autoren
S. 105: Autoren
S117, 1: Autoren
S119, 1: Autoren
S121, 1, 2a, b: Autoren
S123, 1, 2a, b, c, d, 3: Autoren
S125, 1, 2a, b, c, d, 3: Autoren
S127, 1a, b: Autoren
S129, 1, 2, 3: Autoren
S163, 1, 2: Autoren
S167, 1, 3: Autoren
S169, 1a, b, c, 2a, b: Autoren
S171, 1, 2, 3: Autoren
S173, 1, 2: Autoren
S174, 1, 2: http://www.feuerwehrleben.de/ab-jetzt-alle-feuerwehrbilder-zur-kostenfreien-verwendun/
S175, 1, 2: Autoren
S177, 1, 2: Autoren
S179, 1, 2: Autoren
S181, 1a, b, c, 2a, b, c, 3a, b, c: Autoren
S183, 1a, b, 2a, b, 3a, b: Autoren
S185, 1, 2: Autoren
S197, 1: Autoren
S198, 1: Autoren
S199, 1: Autoren
S200, 1: Autoren
S201, 1: Autoren
S208, 1: Autoren
S209, 1a, b, c, 2: Autoren
S210, 1: Autoren
S214, 1: Autoren
S216, 1: Autoren
S222, 1: Springer-Verlag Heidelberg
S222, 2: H + J, Stuttgart
S223, 1: Institut für Urheber- und Medienrecht, München
S223, 2: Autoren
S225, 1, 2: Autoren
S239, 1: Autoren
S240, 1: Autoren
S241, 1: Autoren
S242, 1: Autoren
S243, 1: Autoren
S244, 1, 2, 3: Autoren
S255, 1a: jdkoening – www.sxc.hu
S255, 1b: pdsimao – www.sxc.hu

Abbildungen CD

b02_ue3_typometer.pdf: Autoren
b03_ue2_scribblen1.pdf: Autoren
b03_ue2_scribblen2.pdf: Autoren
b03_ue3_scribblen1.pdf: Autoren
b03_ue3_scribblen2.pdf: Autoren
b03_ue4_scribblen.pdf: Autoren
b07_ue1_farbwerte_festlegen.pdf, 1: Autoren
b07_ue2_farbkreis_komplementaerfarben.pdf, 1: Autoren
b07_ue3_farbprofile.pdf, 1: Autoren
b09_ue1_fachbegriffe.pdf: Autoren
b10_ue1_polaritaet1.pdf: Autoren
b10_ue1_polaritaet2.pdf: Autoren
b10_ue3_Asatzarten2.pdf: Autoren
b12_ue1_medienrecht1.pdf, 1: Kompendium der Mediengestaltung, Springer Verlag Heidelberg 2011
b12_ue1_medienrecht1.pdf, 2: Fachbegriffe f√ºr Medien, Verlag Holland und Josenhans Stuttgart 2012
b12_ue1_medienrecht2.pdf, 1 Institut f√ºr Urheber- und Medienrecht‚Äì www.urheberrecht.org
b12_ue1_medienrecht2.pdf, 2: Kerschensteinerschule Reutlingen „Der Spieker" Reutlingen 03/2012
b13_ue1_backup2.pdf: Autoren
t01_ue3_1_menue_indesign.pdf: Autoren
t01_ue3_1_menue_scribus.pdf: Autoren
t02_ue2_bildgroesse_veraendern.pdf, 1: Autoren
t02_ue3_bildausschnitt_freistellen.pdf, 1: Autoren

A01 – Abbildungen

t02_ue4_bild_scharfzeichnen.pdf, 1: Autoren
t02_ue5_bild_weichzeichnen.pdf, 1: Autoren
t02_ue6_bild_retuschieren.pdf, 1: Autoren
t02_ue7_fotomontage_erstellen.pdf, 1, 2, 3: Autoren
t03_ue1_grundformen.pdf: Autoren
t03_ue2_pfade.pdf: Autoren
t03_ue3_zusammengesetzte_objekte.pdf: Autoren
t03_ue4_symmetrie.pdf: Autoren
t03_ue5_farbverlauf.pdf: Autoren
t03_ue6_textgrafik.pdf: Autoren
t03_ue7_vektorisieren.pdf: Autoren
t03_ue8_malen.pdf: Autoren
p01_ue3_visitenkarten.pdf: jdkoenig - www.scx.hu, pdsimao - www.scx.hu
b05_aegypten_01.jpg: Autoren
b05_aegypten_02.jpg: Autoren
b05_aegypten_03.jpg: Autoren
b05_aegypten_04.jpg: Autoren
b05_aegypten_05.jpg: Autoren
b05_aegypten_06.jpg: Autoren
b05_aegypten_07.jpg: Autoren
b05_aegypten_08.jpg: Autoren
b05_aegypten_09.jpg: Autoren
b07_leuchtturm.jpg: Autoren
b07_ue1_leuchtturm.tif: Autoren
b07_ue3_testform: Autoren
b09_ue1_Fachbegriffe2.pdf: Autoren
b10_eye_tracking_quelle.png: chronos vision‚Äî www.chronos-vision.de
b11_ue2_leuchtturm.tif: Autoren
b11_ue2_rhein.tif: Autoren
b11_ue2_seerosen.tif: Autoren
b11_ue2_seilbahn.tif: Autoren
b11_ue2_steg.tif: Autoren
b11_ue2_treppen.tif: Autoren
b15_testform.pdf: Autoren
b16_testform.pdf: Autoren
b16_ue3_testform.pdf: Autoren
p05_feuerwehr_01_frei.tif: www.feuerwehrleben.de/feuerwehrbilder/
p05_feuerwehr_01.tif: www.feuerwehrleben.de/feuerwehrbilder/
p05_feuerwehr_01_frei.tif: www.feuerwehrleben.de/feuerwehrbilder/
p05_feuerwehr_02_frei.tif: www.feuerwehrleben.de/feuerwehrbilder/
p05_feuerwehr_01.tif: www.feuerwehrleben.de/feuerwehrbilder/
p05_logo_feuerwehr.tif: www.feuerwehrleben.de/feuerwehrbilder/
p06_barock_rokoko.tif: Autoren
p06_qr_code.tif: Autoren
p07_herbst_1.jpg: Autoren
p07_herbst_2.jpg: Autoren
p07_herbst_3.jpg: Autoren
p07_herbst_4.jpg: Autoren
p07_herbst_5.jpg: Autoren
p07_herbst_6.jpg: Autoren
p07_herbst_7.jpg: Autoren
p07_herbst_8.jpg: Autoren
p07_herbst_9.jpg: Autoren
p07_herbst_10.jpg: Autoren
p07_herbst_11.jpg: Autoren
p07_herbst_12.jpg: Autoren
p07_herbst_13.jpg: Autoren
p07_herbst_14.jpg: Autoren
p07_herbst_15.jpg: Autoren
p07_impressum.txt: Autoren
p07_kopf.jpg: Autoren
p07_logo.eps: Autoren
p08_bild_1.tif: Autoren
p08_bild_2.tif: Autoren
p08_bild_3.tif: Autoren
p08_bild_4.tif: Autoren
p08_bild_5.tif: Autoren
p08_bild_6.tif: Autoren
p08_bild_7.tif: Autoren
p08_bild_8.tif: Autoren
p08_blindtext.txt: Autoren
p09_feuerwehr_frei.tif: www.feuerwehr-leben.de/feuerwehrbilder/
p09_feuerwehr.tif: www.feuerwehrleben.de/feuerwehrbilder/
p09_klettern.tif: www.feuerwehrleben.de/feuerwehrbilder/
p09_kopf_01.tif: Autoren
p09_kopf.tif: Autoren
p09_rom_01.jpg: Autoren
p09_rom_01.tif: Autoren
p09_rom_02.jpg: Autoren
p09_rom_02.tif: Autoren
p09_rom_03.jpg: Autoren
p09_rom_03.tif: Autoren
p09_rom_04.jpg: Autoren
p09_rom_04.tif: Autoren
p10_blau.pdf: Autoren
p10_cyan.pdf: Autoren
p10_gelb.pdf: Autoren
p10_gruen.pdf: Autoren
p10_magenta.pdf: Autoren
p10_rot.pdf: Autoren
p10_teich01.jpg: Autoren
p10_teich02.jpg: Autoren
p10_teich03.jpg: Autoren
p10_teich04.jpg: Autoren
p10_teich05.jpg: Autoren
p10_teich06.jpg: Autoren

Appendix – Lehrerband

p10_teich07.jpg: Autoren
p10_teich08.jpg: Autoren
p10_teich09.jpg: Autoren
p11_burg01.jpg: Autoren
p11_burg02.jpg: Autoren
p11_burg03.jpg: Autoren
p11_burg04.jpg: Autoren
p11_burg05.jpg: Autoren
p11_burg06.jpg: Autoren
p11_burg07.jpg: Autoren
p11_burg08.jpg: Autoren
p11_burg09.jpg: Autoren
p11_burg10.jpg: Autoren
p11_burg11.jpg: Autoren
p11_burg12.jpg: Autoren
p11_burg13.jpg: Autoren
p11_burg14.jpg: Autoren
p11_burg15.jpg: Autoren
p11_burg16.jpg: Autoren
p11_text.txt: Autoren
p12_cie_normvalenz.eps: Autoren
p12_cielab.eps: Autoren
p12_cmy.eps: Autoren
p12_farbkreis.eps: Autoren
p12_itten.eps: Autoren
p12_rgb.eps: Autoren
p12_text.doc: Autoren
p12_titel.tif: Autoren
t01_elefant_01.jpg: Autoren
t01_elefant_02.jpg: Autoren
t01_fruejahr_01.jpg: Autoren
t01_fruejahr_02.jpg: Autoren
t01_herbst_01.jpg: Autoren
t01_herbst_02.jpg: Autoren
t01_hundertwasser.jpg: Autoren
t01_rom_01.jpg: Autoren
t01_rom_02.jpg: Autoren
t01_rom_03.jpg: Autoren
t01_rom_03.jpg: Autoren
t01_ue8_grafikvorlage.eps: Autoren
t01_winter_01.jpg: Autoren
t01_winter_02.tif: Autoren
t01_winter_03.jpg: Autoren
t02_gleitschirmflieger.jpg: Autoren
t02_lindau_hafen.jpg: Autoren
t02_ue1_lindau_hafen.pdf: Autoren
t02_ue1_raum.tif: Autoren
t02_ue2_lindau_hafen.pdf: Autoren
t02_ue2_pflastermalerei.tif: Autoren
t02_ue3_lindau_hafen.pdf: Autoren
t02_ue3_segler.tif: Autoren
t02_ue4_fischkutter.tif: Autoren
t02_ue4_lindau_hafen.pdf: Autoren
t02_ue5_lindau_hafen.pdf: Autoren
t02_ue5_trauben.tif: Autoren
t02_ue6_traktor.tif: Autoren
t02_ue7_fernglas.tif: Autoren
t02_ue7_hafen.tif: Autoren

A01 – Abbildungen

1. Auflage 2013

Dieses Werk folgt der reformierten Rechtschreibung und Zeichensetzung.

Dieses Buch ist auf Papier gedruckt, das aus 100% chlorfrei gebleichten Faserstoffen hergestellt wurde.

Alle Rechte vorbehalten. Das Werk und seine Teile sind urheberrechtlich geschützt. Jede Verwertung in anderen als den gesetzlich zugelassenen Fällen bedarf deshalb der vorherigen schriftlichen Einwilligung des Verlages.
Hinweis zu §52a UrhG: Weder das Werk noch seine Teile dürfen ohne eine solche Einwilligung eingescannt und in ein Netzwerk eingestellt werden. Dies gilt auch für Intranets von Schulen und sonstigen Bildungseinrichtungen.

Die Hinweise auf Internetadressen und -dateien beziehen sich auf deren Zustand und Inhalt zum Zeitpunkt der Drucklegung des Werks. Der Verlag übernimmt keinerlei Gewähr und Haftung für deren Aktualität oder Inhalt noch für den Inhalt von mit ihnen verlinkten weiteren Internetseiten.

© Holland + Josenhans GmbH & Co. KG, Postfach 10 23 52, 70019 Stuttgart, Tel. 07 11/6 14 39 15,
Fax 07 11/6 14 39 22, E-Mail: verlag@holland-josenhans.de, Internet: www.holland-josenhans.de

Umschlagfoto: adpic Bildagentur, 53121 Bonn
Satz: Autoren
Druck und Weiterverarbeitung: Konrad Triltsch, Print und digitale Medien GmbH, 97199 Ochsenfurt-Hohestadt

ISBN 978-3-7782-6078-4